# 図説
# 文書事務入門

新版

株式会社ぎょうせい
法制執務研究会 編著

ぎょうせい

# 端　書　き

「言葉の行革」が進められ、公用文の書き方や役所の言葉遣いも、国民・住民に親しみやすく分かりやすいものへと変わってきました。主権者たる国民・住民の側から見れば当然のことです。

言葉は、人であれば人柄を表すように、役所であればその体質を表すといってよいでしょう。役所は、その本来の役割からいって、まず国民・住民に親しまれるものでなければなりません。

地方分権・地域主権の時代にあって、自治体の説明責任が増しています。あわせて、文書の意義と役割もかつてと比べて、より大きなものとなっています。

「文書事務」を学ぶということは、役所の事務処理の基本である、この文書管理と公用文の書き方についての知識やルールを体得することにほかなりません。

「文書事務」に関しては、既にこれまで、多くの自治体において独自の「文書事務の手引」が作られております。しかし、文書事務の一般論を述べた本や文書事務を初めて学ぼうとされる方のための入門書はほとんどないといっても差し支えありません。

この本では、文書事務の基本的な事項について、できる限り図を用いて説明し、文書事務をなじみやすいものとするように努めました。この本が文書事務の勉強の糸口としてお役に立つことを願ってやみません。

平成24年3月

**株式会社ぎょうせい　法制執務研究会**

# 凡　　例

1　この本は、文書事務の基礎的な事項を次の三つの編に分けて収録し、文書事務の独学用の入門書として、また、庁内研修用のテキストとして利用していただけるように編成・執筆してあります。

第１編　文書事務の役割

第２編　文書事務の流れ

第３編　公用文の書き方

2　この本の巻末には、必要かつ十分な「参考資料」を収録してあります。いずれの資料も、「公用文の表記の基準」を定めたもので、常に念頭に置いておくべきものばかりです。

3　この本は、本文の部分のみを読んでいただくだけで十分ですが、更に理解を深めていただくために、「☆　参　考」や〔注〕を記載し、コラムを設けてあります。

参考文献

「文書の実務」（栃木県総務部文書学事課編集）

「文書事務の手引」（神奈川県総務部文書課編集）

「文書・法制事務の手引」（福岡県総務部県政情報課編集）

「文書事務の手引（改訂版）」（桶川市総務部庶務課編集）

「文書事務の手引」（練馬区総務部総務課編集）

「公用文の書き方（改訂版）」（三沢　仁著・ぎょうせい発行）

「東京都文書事務の手引」（文書事務研究会編集）

「文書事務の手引」（京都府総務部政策法務課編集）

「公文書作成の手引」（佐伯市編集）

「法制執務の手引き」（長崎県総務文書課編集）

「文書事務の手引」（島根県総務部総務課）

「最新公用文　用字用語例集」（ぎょうせい公用文研究会　編）

# ◇目　次◇

## 第１編　文書事務の役割


**第１　自治体の仕事と文書** ………………………… 3

1　意思決定と文書 ………………………… 3

2　情報伝達と文書 ………………………… 3

3　説明責任と文書 ………………………… 4

**第２　文書の種類** ………………………… 5

1　組織共用文書と個人的文書 ………………………… 5

(1)　組織共用文書 ………………………… 5

(2)　個人的文書 ………………………… 5

(3)　中間的な文書 ………………………… 5

2　現用文書、非現用文書と歴史資料 ………………………… 6

(1)　現用文書 ………………………… 6

(2)　非現用文書 ………………………… 6

(3)　歴史資料 ………………………… 7

3　原本と謄本、抄本、正本 ………………………… 8

(1)　原本（げんぽん） ………………………… 8

(2)　謄本（とうほん） ………………………… 8

(3)　抄本（しょうほん） ………………………… 8

(4)　正本（せいほん） ………………………… 8

**第３　自治体の文書事務** ………………………… 9

1　文書の機能と「文書事務」の役割 ………………………… 9

2　文書事務の管理組織 ………………………… 10

3　文書取扱いの原則 ………………………… 12


## 第２編　文書事務の流れ


**第１　文書の収受及び配布** ………………………… 17

1　文書の収受 ………………………… 17

(1)　「文書の収受」の意義 ………………………… 17

⑵　収受と到達（到達主義の原則）……………………17
⑶　収受と受理……………………………………………17
2　文書の配布 …………………………………………19
⑴「文書の配布」の意義………………………………19
⑵　文書の配布の方法…………………………………19
3　文書の収受及び配布の手続 ………………………19

**第2　文書の処理**……………………………………24
1「文書の処理」の意義 ………………………………24
2　起　案 ………………………………………………25
⑴「起案」の意義………………………………………25
⑵　起案者の心構え……………………………………25
⑶　起案の方法…………………………………………26
3　回議及び合議 ………………………………………26
⑴「回議」の意義とその範囲…………………………26
⑵「合議」の意義………………………………………27
⑶　回議及び合議の順序………………………………27
⑷　回議及び合議に当たっての注意事項……………28
4　文書の審査 …………………………………………28
⑴「文書の審査」の意義………………………………28
⑵　文書の審査の手続…………………………………28
5　文書の決裁 …………………………………………29
⑴「文書の決裁」の意義………………………………29
⑵　文書の決裁の方法…………………………………29
⑶　文書の決裁後の処理………………………………30

**第3　文書の施行**……………………………………31
1「文書の施行」の意義 ………………………………31
2　浄書及び照合 ………………………………………31
⑴「浄書」及び「照合」の意義………………………31
⑵　浄書及び照合の必要性……………………………31
3　公印の押印 …………………………………………32
⑴「公印」の意義………………………………………32

⑵　公印の種類と公印管理者……………………………33
⑶　公印の使用……………………………………………33
4　発送・公表 …………………………………………36
⑴「発送」の意義及び手続………………………………36
⑵　公　表…………………………………………………36

**第4　文書の整理、保管及び保存**…………………………37
1　文書の整理・保管 ……………………………………37
⑴「文書の整理・保管」の意義…………………………37
⑵　文書の整理・保管の原則………………………………37
⑶　文書の整理・保管の方法………………………………37
2　文書の保存 ……………………………………………40
⑴「文書の保存」の意義…………………………………40
⑵　保存年限の基準…………………………………………40
⑶　保存文書の庁内利用……………………………………42
3　保存文書の廃棄 ………………………………………46
⑴「保存文書の廃棄」の意義……………………………46
⑵　保存文書の廃棄の手続…………………………………46

**第5　歴史資料の公開** ……………………………………47
1　公文書等の管理に関する法律の制定 ………………47
2　自治体における歴史資料の公開 ……………………47
⑴　公文書の集中管理………………………………………47
⑵　公開基準の策定…………………………………………48
⑶　文書目録の作成…………………………………………48

**第6　情報公開と文書管理** ………………………………49
1　情報公開制度の下における文書管理の意義 ………49
2　情報公開制度と文書管理 ……………………………50
⑴　請求に応じて開示される情報の範囲…………………50
⑵　情報公開制度下の文書管理の条件……………………50
⑶　請求から開示までの事務の流れ………………………51

**第7　情報の管理とセキュリティー** ……………………54

1　秘密文書の指定 …… 54
2　情報セキュリティー対策 …… 55
(1)　責任者の指名 …… 55
(2)　技術的な対策の実施 …… 55
(3)　行動規範の制定 …… 55


## 第3編　公用文の書き方


**第1　基本的な心得** …… 59
1　文字や言葉の用い方への配慮 …… 59
2　簡潔な表現 …… 60
3　論理的な構成・文法にかなった構文 …… 61
4　適切で過不足のない内容 …… 61
(1)　盛り込むべき内容 …… 61
(2)　結論は何か …… 62
(3)　主観を控える …… 62
5　決められた書式の遵守 …… 62

**第2　公用文の表記の仕方** …… 63
1　表記の基準 …… 63
2　横書きと縦書き …… 63
3　文　体 …… 65
(1)　常体と敬体 …… 65
(2)　口語体と文語体 …… 66
4　文　法 …… 67
5　漢　字 …… 70
(1)　漢字使用の原則 …… 70
(2)　常用漢字表にあっても平仮名で書く場合 …… 71
(3)　常用漢字表の範囲内で書き表せないものの書換え・言換え …… 74
6　送り仮名 …… 75
(1)　送り仮名の付け方の原則 …… 75
(2)　送り仮名の付け方のポイント …… 76
7　仮名遣い …… 79

⑴　仮名遣いの原則……………………………………………79

⑵　現代仮名遣いの注意点……………………………………79

⑶　片仮名の用い方……………………………………………81

8　数　字 ………………………………………………………81

⑴　左横書きの場合……………………………………………81

⑵　縦書きの場合………………………………………………85

9　句切り符号等 ………………………………………………85

⑴　句点（「。」（マル））…………………………………………85

⑵　読点（「、」（テン）又は「,」（カンマ））…………………87

⑶　中点（「・」）…………………………………………………90

⑷　ピリオド（「.」）……………………………………………91

⑸　括弧（　　）…………………………………………………91

⑹　かぎ括弧「　」………………………………………………91

⑺　繰り返し符号………………………………………………91

⑻　項目の順序を表す見出し番号……………………………92

10　敬　語 ………………………………………………………92

⑴　「お・ご」の使い方…………………………………………93

⑵　動作を表す語の敬語法……………………………………93

⑶　尊敬の助動詞「れる」・「られる」…………………………94

⑷　団体や人を指す言葉………………………………………94

⑸　敬　称………………………………………………………95

11　その他注意を要する用語 …………………………………96

⑴　対句を表す「たり」…………………………………………96

⑵　並列を表す「と」……………………………………………96

⑶　条件を表す「ならば」………………………………………96

⑷　理由を表す「ので」と「から」……………………………96

⑸　「より」と「から」……………………………………………97

**第3　公文書の書式** …………………………………………98

1　用紙の大きさ ………………………………………………98

2　往復文書の書式 ……………………………………………99

⑴　文書番号……………………………………………………100

⑵ 発信日付……………………………………………………100
⑶ 受信者名……………………………………………………100
⑷ 発信者名（施行者名義）………………………………101
⑸ 件　名………………………………………………………101
⑹ 本　文………………………………………………………101
⑺ 追　伸………………………………………………………102
⑻ 同　封………………………………………………………102
⑼ 担当者名……………………………………………………103
⑽ その他………………………………………………………103
3　主な公文書の例 ……………………………………………104
⑴ 照　会………………………………………………………104
⑵ 回　答………………………………………………………105
⑶ 依　頼………………………………………………………106
⑷ 通　知………………………………………………………107
⑸ 報　告………………………………………………………108
⑹ 復　命………………………………………………………110
⑺ 進達・副申…………………………………………………111
⑻ 指　令………………………………………………………113
⑼ 通達・依命通達……………………………………………114
⑽ 公　告………………………………………………………115

## 参考資料

○公用文における漢字使用等について……………………119
○常用漢字表……………………………………………………123
○旧「常用漢字表」からの変更点……………………………148
○送り仮名の付け方……………………………………………152
○現代仮名遣い…………………………………………………160
○法令における漢字使用等について…………………………170
○公用文作成の要領……………………………………………179

# 第1編

# 文書事務の役割

# 第1　自治体の仕事と文書

自治体の仕事は、文書に始まり文書に終わるといっても言い過ぎではありません。したがって、自治体の仕事に携わっているかぎり、誰もが文書の作成や文書の管理から逃れられないと考えるべきでしょう。それでは、なぜ自治体の仕事が文書と切っても切れない関係にあるのか、三つの面に即して考えてみましょう。

## 1　意思決定と文書

自治体においては、日々多くの事項が決定されています。それは、政策の実行計画であったり、事務処理方針であったり、補助金を誰かに交付することであったり、事務用品を購入することであったり、大小様々です。これら、具体的行動や行動計画の決定を意思決定といいます。

意思決定は、自治体として行うこと、行うべきことの決定ですから、個人の意思決定と違い、組織的に行われなければなりません。つまり、発案者が、決定すべき内容を明らかにして、関係者に示し、その同意を得て、最終的に決定する権限を有する人の承認を得なければなりません。この場合、多くの人が意思決定に関与しますから、何が決定されるのかの共通認識をもつためにも、また、決定手続が確実に履行されたことを確認するためにも、口頭ではなく、文書による意思決定が合理的です。

## 2　情報伝達と文書

意思決定された事項は、実行に移すためには、様々な方法でその内容が伝達されなければなりません。

例えば、補助金を交付するのであれば、その旨を相手方に通知する必要があります。また、新たな政策を行うのであれば、関係部署に実施上の留意事項を伝えるとともに、議会に対する報告や広く住民及び利害関係者に説明をする機会を設けることとなります。

これらの情報伝達は、主として文書により行われます。

## 3 説明責任と文書

意思決定され、実行に移された事項は、外部からの批判に耐えられるものでなければなりません。

それらの事項は、真に実行する必要があったのか、他により効果的な方策はなかったのか、実行する過程で無駄遣いはなかったかなどについて、後日の会計監査や住民からの情報公開請求、住民監査請求に応えるため、文書に記録を残しておく必要があります。

**☆ 参　考**

ここまで、「文書」の意義を説明してきませんでしたが、文書とは、「特定の情報を記録するものとして、組織的に管理されているところの主として紙でできている物体」といっていいでしょう。

ところで、最近の情報公開条例等では、「公文書」の定義を「実施機関の職員が職務上作成し、又は取得した文書、図画、写真、フィルム、スライド及び電磁的記録であって、実施機関において組織的に用いるものとして管理しているもの」(高槻市情報公開条例第2条）というように定めています。

近年、情報は、紙に限らず、ハードディスクやUSBメモリなどの電磁的記録媒体に記録されることが多くなっています。したがって、「情報」の管理に着目すると、その記録媒体である「文書」は、紙に限らず、広く電磁的記録媒体を含めて考えたほうがよいことになります。

本書では、なお紙の文書を中心に説明していきますが、必要に応じて電磁的記録にも触れるようにします。

# 第2　文書の種類

## 1　組織共用文書と個人的文書

本書で説明するのは、自治体において組織的に管理されている文書です。それを組織共用文書といいます。これに対して、職員個人の私信やメモは、たとえ、職場の書棚等に保管されていたとしても、個人的文書であって、文書事務の対象とはなりません。しかし、その区別は、実際にははっきりしないところがあるので、以下説明します。

### ⑴　組織共用文書

組織的な意思決定のために作成された決裁文書や、事務・事業の執行のために必要な情報が記載され、管理者その他の関係者の閲覧に供された供覧文書は、組織共用文書の代表的なものです。このほか、会計帳簿や伝票など事務処理の道具として用いられる文書は、組織共用文書といえます。

### ⑵　個人的文書

職員個人の私信やメモのほか、①自己研さんのための研究資料、備忘録、②職務の参考とするために取っておいた正式文書の写しなども個人的文書に当たります。

### ⑶　中間的な文書

決裁文書や供覧文書ではないが、単なる私信やメモともいえない文書も多くあります。例えば、意思決定の参考とするため、様々な方法で収集した情報やデータを記録した文書、最終決定案を作成する過程で皆で検討した第1次案、第2次案などがあります。

これらの文書は、今後とも組織にとって必要なものかどうかについて分類・整理し、不要であれば直ちに廃棄し、なお必要であれば組織共用文書と決定し、組織的に管理するようにしましょう。

☆　参　考

組織共用文書と個人的文書を区別する意義は、組織共用文書であれば情報公開の対象となるため、開示請求に備えて、キッチリ管理しなければならないという点にあります。

ところが現実には、組織共用文書かどうかはっきりしない中間的な文書があふれている実情があります。それらの文書は、文書目録等にも記録されておらず、保管方法も個人の机の引き出しの中やフロッピーディスクの中にしまわれていて、事実上、職員個人の管理に任されています。だから、職員の異動に伴って、所在が分からなくなったり、必要なものが廃棄されたり、流出したりする危険が生じています。

文書の個人保管を極力少なくして、組織で共用するよう工夫が求められています。

## 2　現用文書、非現用文書と歴史資料

### ⑴　現用文書

文書は、作成後一定期間が過ぎると、廃棄されるのが一般的です。そうしないと、自治体の事務室や文書倉庫が書類であふれかえることになりかねないからです。自治体の事務が膨大となり、しかも複雑化していますから、発生する書類は増える一方の状況にあります。各自治体は、事務の効率化のため、書類を捨てることに懸命の努力をしています。

そこで、あらかじめ、1年、3年、5年、10年、永年などと、文書の重要性に応じて、その保存年限を定め、期限経過後は、原則として廃棄するものとしているのです。この保存年限内の文書を、現に用いている文書という意味で現用文書といいます。

### ⑵　非現用文書

これに対して、保存年限が過ぎた文書を非現用文書と呼びます。非現用文書は、役目が終わった文書であり、これ以上保存していても用はないものですから、原則として廃棄しなければなりません。もちろん、永年保存文書は、保存年限が過ぎることはないので、いつまでも現用文書であり続けます。

## ⑶　歴史資料

近年、自治体の管理する文書は、歴史資料としての価値があり、地域の歴史を知るために欠かせない、地域住民の共有財産である、という考えが生まれてきました。この考えによれば、非現用文書といえども、役目を終えたとして直ちに廃棄するのは適当ではなく、歴史的・文化的視点からその価値を再評価すべきことになります。そして、永年保存文書の中に含まれる歴史資料としての価値がある文書と併せて、公文書館などの専門的施設において集中管理して、住民の自由な利用を認めるようにすることが適切となります。

現用文書と非現用文書の分類は、役所の事務処理の都合で作られた概念ですが、住民の文書に対する関心が深まるにつれ、歴史資料という別の視点による区分が要請されるようになっています。

**☆　参　考**

国においては、国立公文書館などを設けて、歴史資料として重要な文書を各省庁から集めて専門に管理するとともに、国民が閲覧できるようにしています。都道府県においても、多くの自治体で公文書館を設けています。しかし、市町村においては、まだ公文書館を設置しているところは多くはありません。

これは、それだけの経費をかけることが難しいこともありますが、市町村の管理する文書にそれほどの資料価値があるとは考えていないことも一因です。日々の仕事の結果として生み出される文書、実務的な書類が、歴史の研究等の役に立つとは考えにくいのではないでしょうか。でも、役所にしか残されていない記録も多々あり、現在では分からないものの、将来においては貴重な歴史資料となることも大いにあると考えられます。特別な施設を設けることは困難でも、文書が散逸しないよう、その管理を工夫する必要があるといえそうです。

# 3 原本と謄本、抄本、正本

## ⑴ 原本（げんぽん）

原本とは、一定の事項を内容とし、確定的に作成された現物そのものの文書をいいます。広い意味では、決裁文書及びそれに基づいて施行された許可証や通知文書も原本といえます。

狭い意味では、謄本、抄本及び正本に対する用語として用いられ、これらの文書がいずれも写しであることに対し、写される基であるところのオリジナルな文書をいいます。

## ⑵ 謄本（とうほん）

原本の内容の全部を写した文書をいいます。このうち、権限のある機関が原本の内容と同一である旨(「これは謄本である。」)の認証をしたものは、法律の規定によって、「原本」と同様に取り扱われることがあります。

## ⑶ 抄本（しょうほん）

原本の内容のうち関係のある部分だけを写した文書をいいます。

## ⑷ 正本（せいほん）

ア　謄本の一種ですが、法令の規定に基づき、権限のある者によって特に正本として作成され、原本と同一の効力を有するものです。

イ　「副本（ふくほん）」に対する用語として用いられる場合があります。副本とは、ある文書の本来の目的以外の目的に用いるために、正本のほかに作成されるこれと同一内容の文書をいいます。例えば、戸籍は、正本と副本とが作成されますが、戸籍の副本は、戸籍の正本が滅失した場合の予備として作成されます。副本は、謄本のように、まず、原本があってそれに基づいて作成されるものではなく、初めから正本と同一内容のものとして作成されます。副本に対する意味での正本は、原本の写しではなく、原本そのものです。

# 第3　自治体の文書事務

前に述べたように、自治体の仕事は、文書と切っても切れない関係にあります。したがって、文書の取扱いが適切に行われないと、自治体の仕事が滞ったり、十分に効果を上げることができなくなります。

## 1　文書の機能と「文書事務」の役割

「文書事務」とは、文書の機能を十分に発揮させるために組織的に取り組まれる諸活動をいいます。文書の機能とそれに応じた文書事務をまとめると、次のようになります。

①　意思決定の機能
文書の作成に関する事務
文書の処理（起案・回（合）議・決裁）に関する事務

②　情報伝達の機能
文書の収受及び配布に関する事務
文書の施行（浄書・照合・押印・発送）に関する事務

③　説明責任の機能
文書の整理、保管及び保存並びに廃棄に関する事務
情報公開に関する事務
歴史資料の利用に関する事務

これらの文書事務のうち、文書の作成に関する事務は、公用文の書き方に関することとして、第3編で説明します。

文書の作成に関する事務以外の文書事務は、書かれた内容そのものよりも、紙その他の記録媒体としての文書を取り扱うもので、第2編で説明します。

## 2 文書事務の管理組織

市町村においては、文書事務を効率的に運用するため、一般に、次のような管理組織を設けています。

**文書主管課**

文書事務を統括管理するための組織であって、一般に総務課（又は庶務課）が充てられています。この文書主管課は、一般に、文書事務の指導・改善、文書の受領・配布・審査・浄書・印刷・発送及び完結文書の保存・廃棄の事務を処理します。

**文書主任**

文書事務を適正かつ迅速に処理するための職であって、一般に、各課に置かれています。この文書主任は、その所属課の文書の収受・発送・審査及び整理・保管等の事務を処理します。

☆ **参　考**

文書事務の管理方式には、次のような方式がありますが、市町村のほとんどは、②の方式をとっています。

① **集中的管理方式**

全組織の文書事務の管理を一つの管理部門に集中して行う方式（小さな組織などで採用）

② **分散的集中管理方式**

全般的な文書事務の企画・統制は、一つの管理部門において集中的に行い、各部門の日常的な文書事務の管理は、各部門ごとに行う方式（比較的大きな組織で採用）

**〈分散的集中管理方式〉**

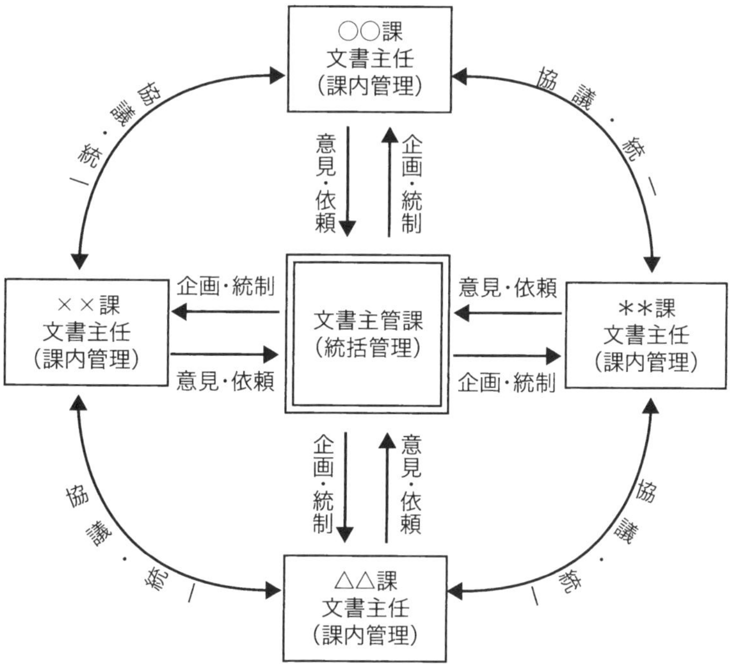

## 3 文書取扱いの原則

文書を取り扱う者（全ての公務員）は、次の原則を十分承知していなければなりません。

① 文書は、文書事務に関する諸規程に従った統一的な取扱いをすること。
② 文書は、正確に取り扱うこと。
③ 文書は、丁寧にかつ迅速に取り扱うこと。
④ 文書は、責任をもって取り扱うこと。
⑤ 文書は、その処理状況を明らかにしておくこと。
⑥ 文書は、縦の関係、横の連絡に十分注意すること。
⑦ 文書は、その文書の性質に合わせた取扱いをすること。

☆ 参　考

文書事務に関する規程には、次のようなものがあります。

① 事務委任規則
② 事務決裁規程
③ 公文例規程
④ 文書管理条例
⑤ 文書取扱規程（文書管理規程）
⑥ 公告式条例（地方自治法第16条第4項・第5項）
⑦ 公印規程
⑧ 情報公開条例
⑨ 電子情報処理規程

# 第2編

# 文書事務の流れ

文書事務の流れを図示すると、おおむね次ページのとおりです。

この文書事務の流れのうち、文書の起案から施行に至るまでの一連の事務は、自治体の意思を決定し、これを外には住民に、内には所属機関や職員に広く伝達し、行政の執行や事務の統制をしていく過程であって、文書事務の主要な部分となるものです。

また、これに続く文書の整理や保存に関する事務は、処理済みの文書を保存し、その保存文書を再び行政に役立てたり、又は住民の利用に供したりする事務であって、重要なものといえます。

**〈文書事務の流れ〉**

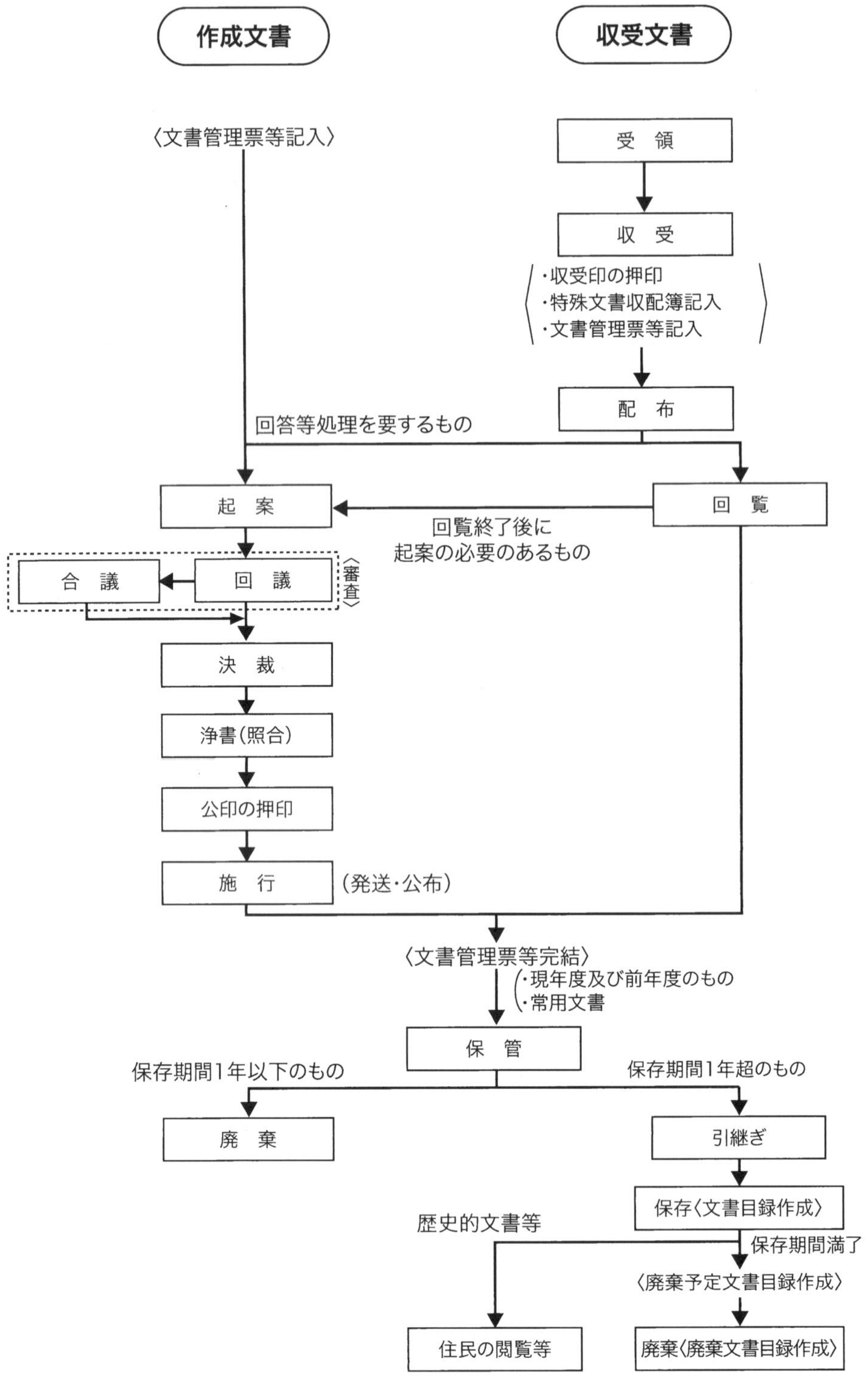
作成文書
収受文書
〈文書管理票等記入〉
受　領
収　受
・収受印の押印
・特殊文書収配簿記入
・文書管理票等記入
配　布
回答等処理を要するもの
起　案
回　覧
回覧終了後に
起案の必要のあるもの
合　議
回　議
〈審査〉
決　裁
浄書（照合）
公印の押印
施　行
（発送・公布）
〈文書管理票等完結〉
・現年度及び前年度のもの
・常用文書
保　管
保存期間1年以下のもの
保存期間1年超のもの
廃　棄
引継ぎ
保存〈文書目録作成〉
歴史的文書等
保存期間満了
〈廃棄予定文書目録作成〉
住民の閲覧等
廃棄〈廃棄文書目録作成〉

# 第1　文書の収受及び配布

## 1　文書の収受

### ⑴　「文書の収受」の意義

「文書の収受」とは、郵送又は使送によって自治体の事務所に到達した文書を受領し、その文書の余白に日付印（「収受印」といいます。）を押したり、文書管理票等に必要事項を記録したりして、所定の手続により文書の到達を確認する一連の行為をいいます。

したがって、文書の「収受」は、単に到達した文書の「受領」ではないことに注意しなければなりません。

### ⑵　収受と到達（到達主義の原則）

一般に、意思表示は、相手方に到達した時から効力を生じます（到達主義の原則―民法第97条第1項）。自治体に対する文書による意思表示についても同様で、その文書が自治体の事務所に到達した時点で、その意思表示の効力が発生します。

注意しなければならないのは、単に文書を受領するのみで到達したことになり、収受の手続の有無に関わりなく意思表示の効力が発生することです。文書の到達の日時が重要な意味を持つ場合も多く、その場合は到達と収受とのタイムラグが致命的となることもあります。受領した文書は、速やかに収受し、担当部署に配布する必要があるのです。

### ⑶　収受と受理

収受は、相手方の意思表示が到達した事実を確認する行為であるのに対し、受理は、申請や届出などについて、権限のある行政機関が、それらの文書の形式的要件の具備を確認した上で、その内容を審査すべき適法なものとして正式に受け取る行為をいいます。

したがって、文書が自治体の事務所に到達し、文書主管課で収受の手続が行われたという事実だけで受理したことにはなりません。ただし、この点に関し、受理していない以上、未だ申請等は有効ではないと誤解してはいけません。意思表示は、到達した時点で効力が発生します。よって、何らかの申請が事務所に到達したときは、たとえ形式的要件に不備があったとしても意思表示として有効であり、遅滞なく当該申請の審査を開始しなければならない義務が生じます（行政手続法第7条参照)。要するに、収受や受理は、自治体の内部的手続であって、相手方の意思表示の効力や自治体の責任に影響するものではないことに注意する必要があります。

☆　**参　考**

文書の到達の日時が重要な意味を持つ場合とは、例えば、裁判所による差押命令があります。自治体に対し請負契約等に基づき金銭債権を有している者に対し別に債権を有する者が債務の不履行等を理由に自治体に対する金銭債権の差押えを申し立て、裁判所が差押命令を送達したとします。この命令には、自治体に対し弁済を禁止する旨が含まれていますから、命令送達以後に知らないで弁済してしまいますと、差押えを申し立てた債権者は、再度支払を請求することができます。弁済は差押命令の収受の前に行ったとしても抗弁できません。

## 2 文書の配布

### (1) 「文書の配布」の意義

「文書の配布」とは、外部から到達し、受領した文書を、文書主管課から主務課（当該文書の内容に関わる事務の担当課）に配布し、又は文書主管課に出向いた主務課員に受領させ、必要に応じて受領印を徴する手続をいいます。

### (2) 文書の配布の方法

文書の配布の方法には、次の三つの方式があります。当該自治体に最も適合した方式を採るべきでしょう。

・集配方式―文書主管課の集配員が、定時に庁内を巡回して、文書を配布（又は収集）する方式

・受領方式―文書主管課に各課別の書箱・棚を設置し、各課の文書取扱者が文書主管課に出向いて文書を受領（又は発送依頼）する方式

・両者折衷方式―発送は各課が文書主管課へ出向いて依頼し、受領文書は文書主管課が各課へ配布する方式

## 3 文書の収受及び配布の手続

文書の収受の手続は、一般に、おおよそ①受領、②選別、③開封、④収受印の押印、⑤文書管理票等への登録の5段階に分かれます。この手続は、文書事務の起点に当たりますので、その詳細については、文書取扱規程等に明確に規定しておく必要があります。

ところで、文書主管課から主務課への文書の配布をどの段階で行うか、また、文書の開封をどの段階で行うかについては、各自治体の機構や文書の性格により異なります。

一般に行われている方式を図示すれば、次の2例のとおりです。

**〈文書の収受及び配布の流れ〉**

**例1**

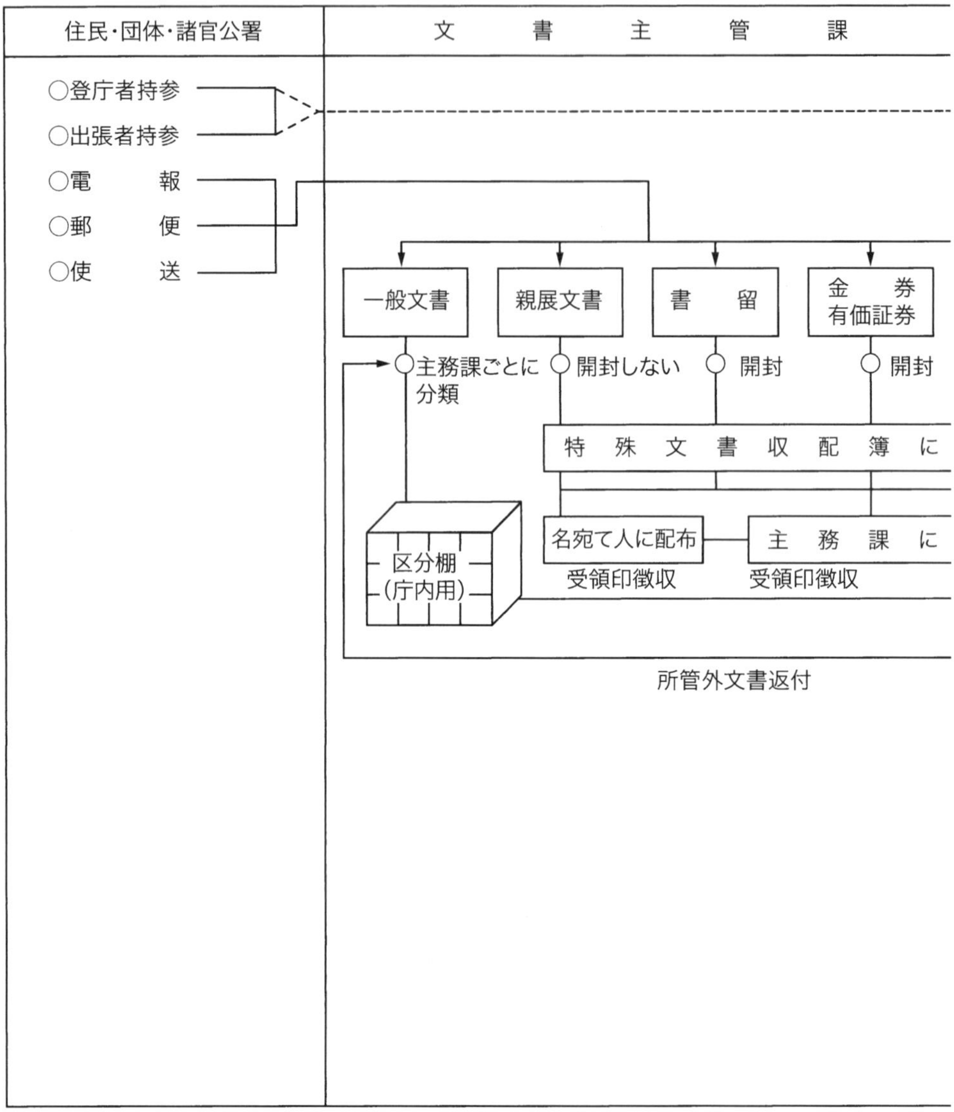

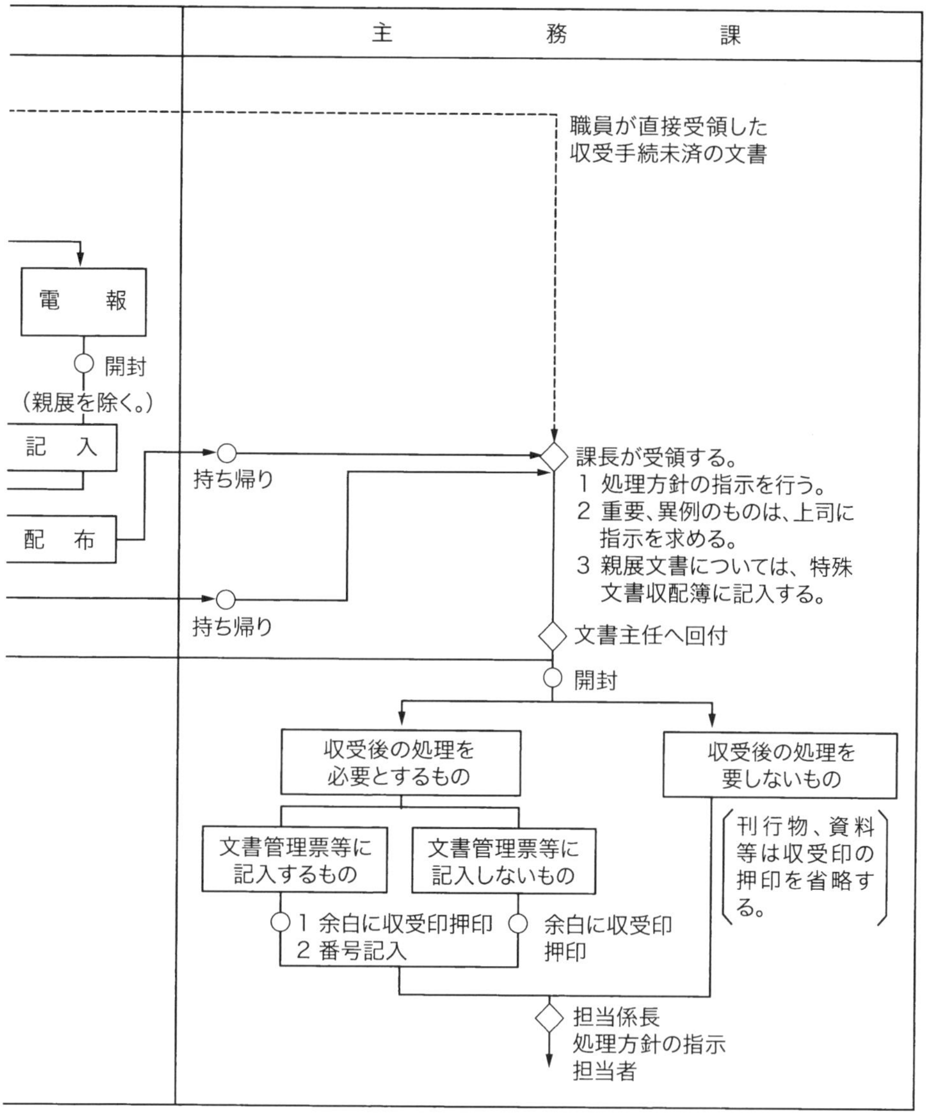


〔注〕 この図の方式では、文書主管課で受領した文書は、書留文書など特別の扱いを要する文書を除き、未開封のまま各課（主務課）のボックス（区分棚）に投入されます。

各課は、このボックスから文書を受領し、開封した上で収受印を押印して、文書の到達を確認します。

なお、このような方式においても、区分棚を使用せず、文書主管課の配達係が各課に配布を行う方法もあります。

**例2**

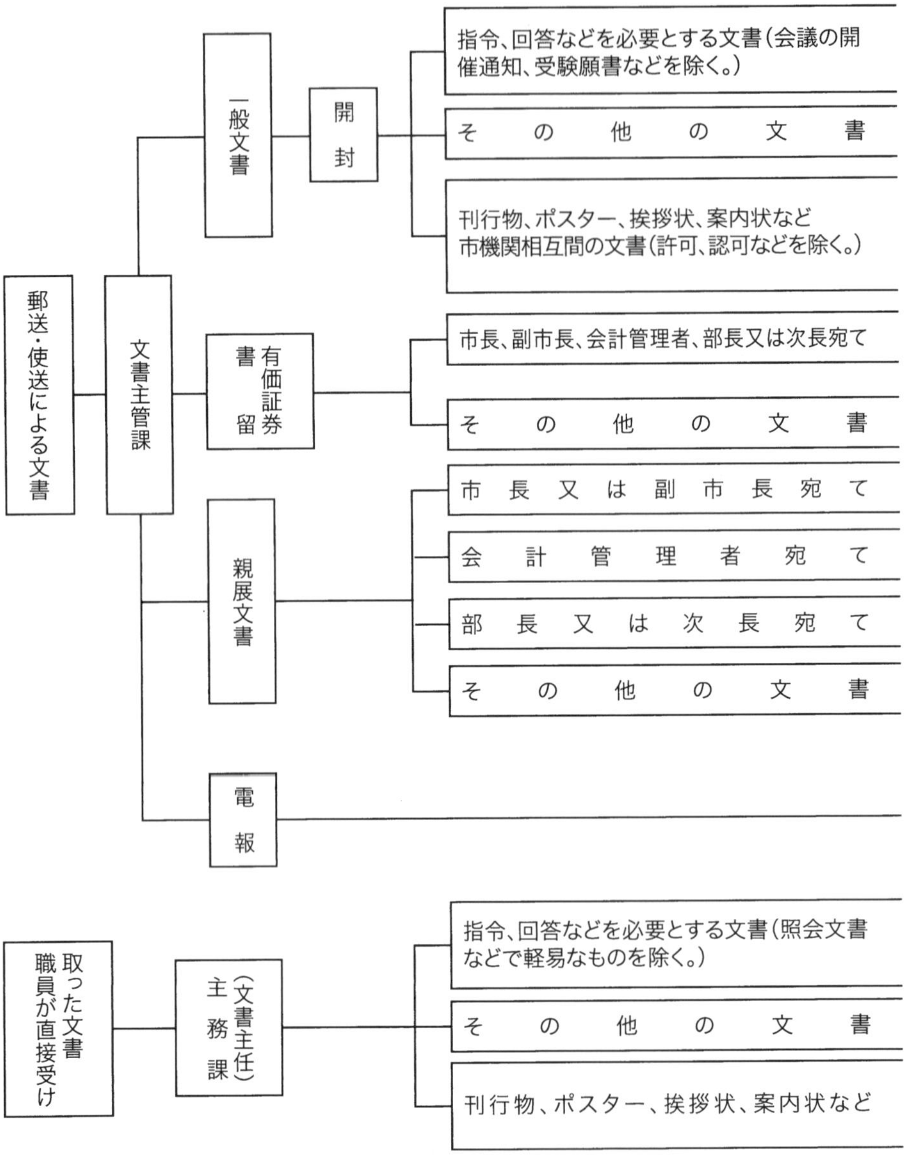
郵送・使送による文書
文書主管課
一般文書
開封
指令、回答などを必要とする文書（会議の開催通知、受験願書などを除く。）
その他の文書
刊行物、ポスター、挨拶状、案内状など
市機関相互間の文書（許可、認可などを除く。）
有価証券書留
市長、副市長、会計管理者、部長又は次長宛て
その他の文書
親展文書
市長又は副市長宛て
会計管理者宛て
部長又は次長宛て
その他の文書
電報
職員が直接受け取った文書
（文書主任）主務課
指令、回答などを必要とする文書（照会文書などで軽易なものを除く。）
その他の文書
刊行物、ポスター、挨拶状、案内状など

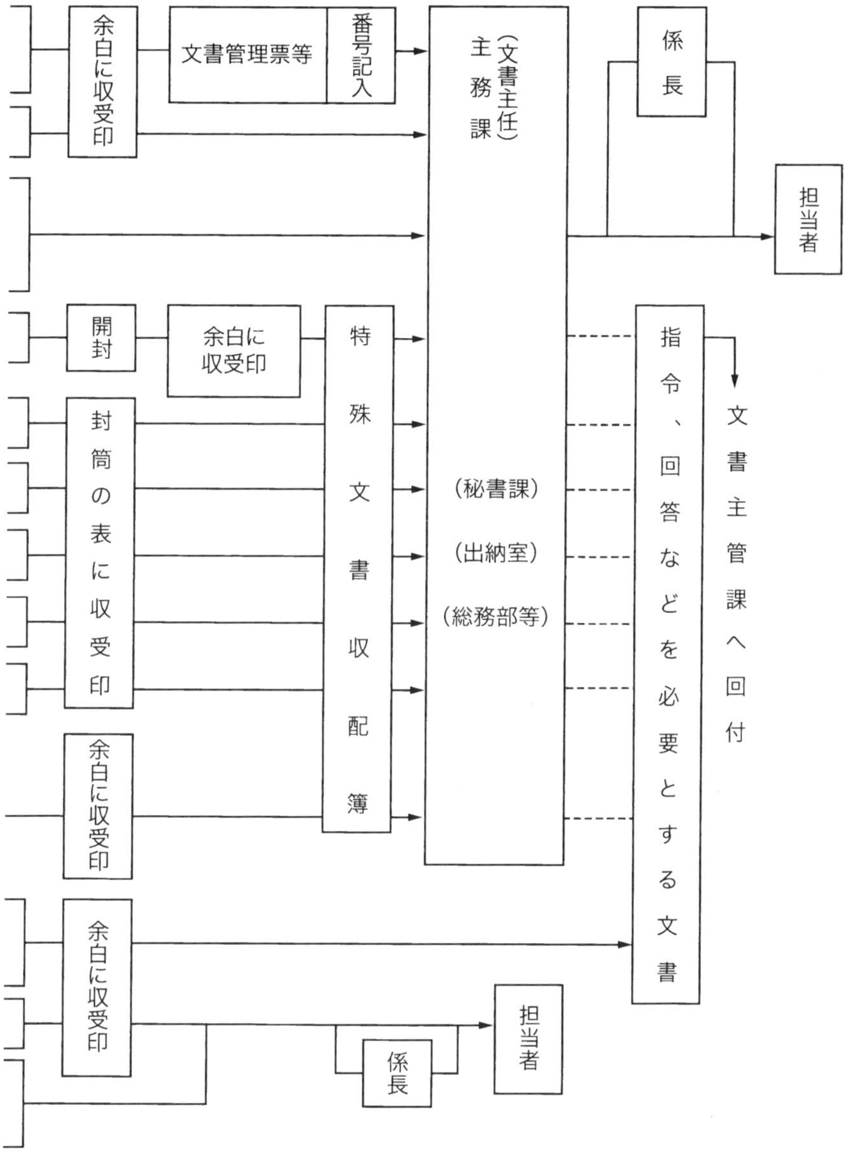


〔注〕　この図の方式では、主務課が直接受領した文書を除き、文書主管課で文書を受領し、原則として文書の開封や収受印の押印をして文書の到達を確認した上で、主務課に配布します。この場合、文書主管課が主務課に文書を配布するときは、文書管理票等の写しを添付します。

# 第2　文書の処理

## 1 「文書の処理」の意義

「文書の処理」とは、外部から到達し、収受した文書に対して、又は自治体の発意に基づいて、その自治体の意思の決定を文書によって行う一連の手続をいいます。

つまり、起案から、回議又は合議を経て決裁に至るまでの一連の手続を指します。

なお、収受した文書のうち、①起案の必要がなく上司や関係者に回覧すれば足りる文書や②起案の必要はあるが起案をする前に上司や関係者に回覧する必要がある文書は、簡易起案用紙等を添付するなどして回覧することになります。

文書の処理の流れを図示すると、次のようになります。

**〈文書の処理の流れ〉**

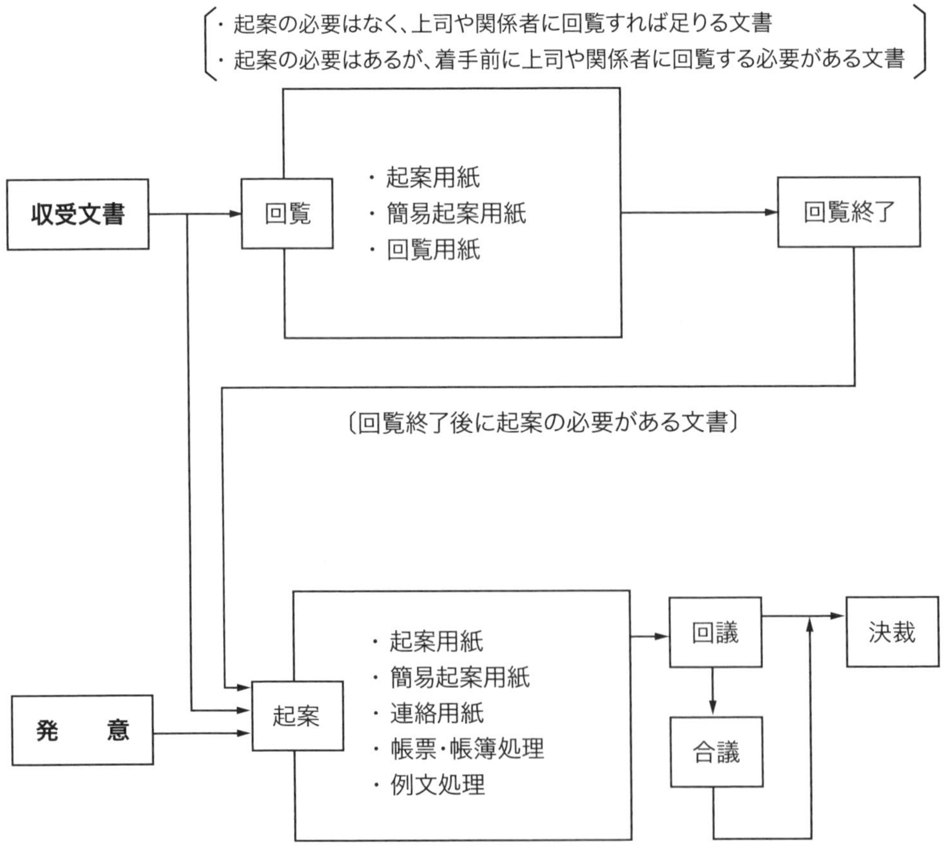

# 2 起　案

## (1) 「起案」の意義

「起案」とは、自治体の意思を決定するため、その基礎となる案を起草し、意思決定手続を始動させることです。

起案は、収受文書に基づいてなされる場合と、これに関係なく自治体の発意に基づいてなされる場合があります。

文書の性質・内容等によって課長自ら起案者になる場合もありますが、一般的には、課長の示す処理方針に従って、事務分掌に定められた係長又は担当者が起案者となります。

## (2) 起案者の心構え

起案は、自治体又はその機関の意思決定の起点ですから、文書事務の中でも最も基本的でかつ重要なものといえます。

起案者は、担当事務についてはもちろん、関係法令や例規等に精通するなど、日頃から、自信を持って正しく起案できるように心掛けるほか、起案に当たっては、特に次のような点に注意しなければなりません。

① 起案は、決定案の発案であって、他の誰かが決めた案を筆記することではありません。決定案についての第一次的責任者としての意識を持って起案することが大切です。

② 決裁に至るまでの間、決定関与者や決裁権者の質問に的確に答えることができるよう準備することが大切です。

③ 自ら起草した案が、決裁後は自治体又はその機関の公の意思となります。自分を決裁権者—終局的には首長の立場に置き換えて発想することが大切です。

なお、起案文は、正しく、簡潔に、要領よく書かなければなりませんが、この点については、第3編（公用文の書き方）を参照してください。

### ⑶　起案の方法

起案には、所定の起案用紙による起案と起案用紙によらない起案とがありますが、これらは、次のように区分するのが一般的です。

#### ①　起案用紙による起案

起案用紙を用いて起案するのが起案の原則です。したがって、②の場合を除く起案は、所定の起案用紙（継続用紙を含む。）を用いて起案することになります。

#### ②　起案用紙によらない起案

次のような起案は、帳票・帳簿、回答用紙又はその文書の余白などで処理することができるとするのが一般的です。

・定例的又は軽易な起案

・照会等への応答で、回答用紙又はその文書の余白で処理できる起案

## 3　回議及び合議

### ⑴　「回議」の意義とその範囲

「回議」とは、その起案の内容が妥当かどうかについて、起案者の直属系統の上司の承認を求めることをいいます。

法律上、自治体の行政機関としての意思を決定するのは、法律が別途他の機関の専属的権限としている事務を除き、原則として自治体の長（都道府県にあっては知事、市町村にあっては市町村長）です。したがって、その限りでは、市町村における回議は、全て、市町村長に至るまでの系統で行わなければなりませんが、現実には、事案の重要度によって事務決裁規程で多くの事案の決裁権を部長、課長等に委ねていますから、それによる決裁権者までの系統の範囲が、回議の範囲となります。

### ⑵「合議」の意義

「合議」とは、その起案の内容が起案者と直接の所属関係にない他の部課にも関係がある場合に、その関係部課に起案文書を回付して、その承認を求めることをいいます。

この合議を行うかどうかは、意思決定に重大な影響を与えますので、的確な判断をしなければなりません。

### ⑶　回議及び合議の順序

回議及び合議の順序については、文書取扱規程等であらかじめ定めておく必要があります。一般的には、次の図のようになります（部制の組織の場合）。

**〈回議及び合議の順序〉**

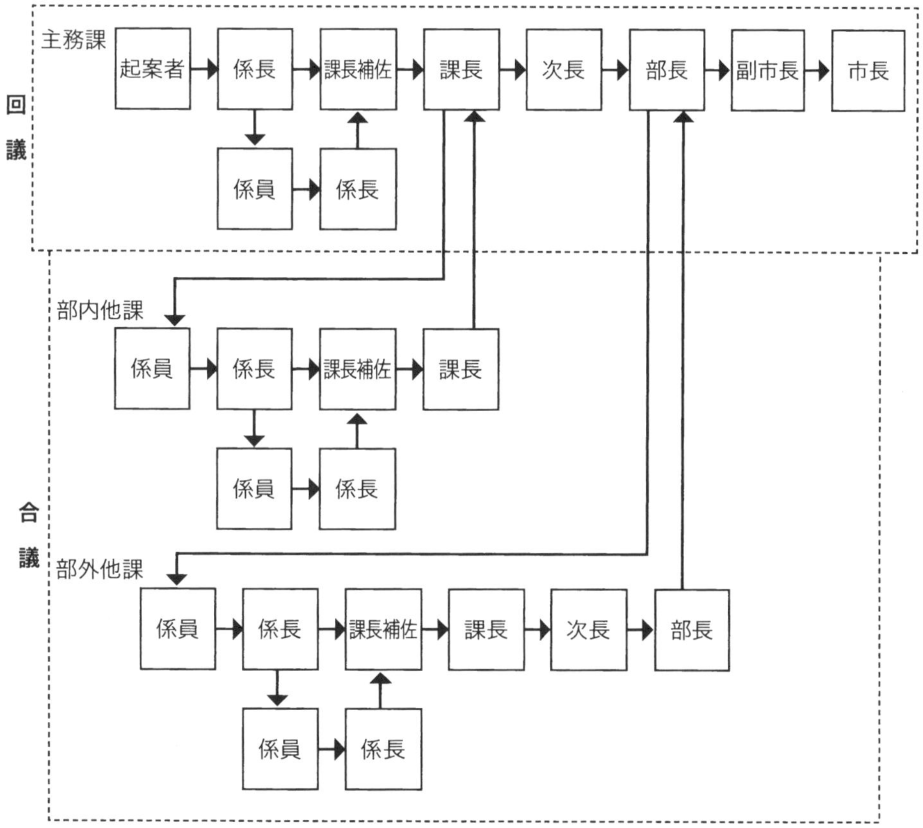

### ⑷　回議及び合議に当たっての注意事項

回議又は合議を行う場合の一般的な注意事項は、次のとおりです。

① 回議は、必ず所定の順序を経て行わなければならないこと。なお、回議の対象者が不在の場合は、事務決裁規程等の定めるところにより代決等の方法が採られるのが一般的である。
② 回議又は合議の過程で起案文書を修正したときは、修正者は、原文を読み得る程度に残し、修正箇所に押印又は署名をしなければならないこと。
③ 起案文書の内容について、回議又は合議の結果、重大な修正が行われたときは、起案者又はその上司は、その旨を関係者に通知しなければならないこと。
④ 起案文書のうち、秘密文書、重要な文書又は急を要する文書については、起案者又はその内容を説明できる職員が持ち回って回議又は合議（持ち回り回（合）議）しなければならないこと。

## 4　文書の審査

### ⑴　「文書の審査」の意義

「文書の審査」とは、起案文書について、次のような点について法律的見地から検討し、文書が適正に決裁されるように補助することです。

① 文書の内容は、適正であるか。
② 文書の形式は、適正であるか。
③ 当該自治体の意思表示として一貫性があるか。

### ⑵　文書の審査の手続

文書の審査は、次のような手続で行われるのが一般的です。

① 文書主任による審査――起案者が起案文書を主務係長に回議した後、当該課の文書主任の審査を受ける。

② 法規審査委員会・文書主管課長による審査――次のような起案文書は、主務課長の回議を受けた後、法規審査委員会又は文書主管課長の審査を受ける。

・条例、規則、告示及び訓令

・議会に提出する議案

・重要と認められる通達及び要綱

・その他長の決裁を要する文書で、長が指定したもの

## 5 文書の決裁

### ⑴ 「文書の決裁」の意義

「文書の決裁」とは、起案文書に対して、決裁権者が、承認、決定、裁定等を与えることによって、その起案を確定し、当該行政機関の最終的な意思を決定することをいいます。

### ⑵ 文書の決裁の方法

市町村の執行機関における事務処理及び意思決定の権限は、本来は市町村長だけが有するものであって、補助機関にはありません。

しかし、全ての事案について市町村長自らが決裁することは、実際問題として非能率的であり、また不可能です。

したがって、事案の内容に応じて補助機関に委任し、代理させ、又は専決・代決の方法によって補助執行させ、重要な事案のみ市町村長が自ら決裁するのが通例です。

なお、事務の委任については「事務委任規則」で、専決・代決については「事務決裁規程」で定めておくのが一般的です。

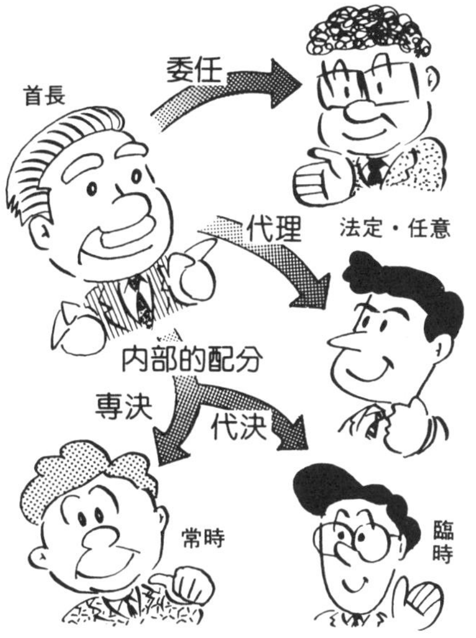

☆　参　考

**〈委任・代理・専決・代決の相違点〉**

| | | 対象となる事務 | 対象者 | 要　件 | 権限の委譲の有無・効果 | 文書の名義・印 | 責任の所在 | 根拠規定 |
|---|---|---|---|---|---|---|---|---|
| 委任 | | 長の権限に属する事務の一部 | 補助機関の職員・長の管理に属する行政庁・行政委員会・その委員長・委員・職員等 | 長の意思による。 | 権限の委譲あり。受任者は自己の名と責任において処理する。 | 受任者の名義と職印を使用する。 | 受任者による行為の責任は、委任の限度において受任者が負い、委任者はその範囲内で責任を免れる。 | 地方自治法第153条・第167条第2項・第180条の2 |
| 代理 | 法定代理 | 長の権限に属する事務の全部 | 副市町村長 | 長が不在のとき又は欠けたとき。 | 権限の委譲はないが、代理者は自己の名と責任において処理。長が行ったのと同じ効果がある。 | 職務代理者である旨を表示した上で、自己の名と職務代理者印を使用する。 | 代理者が行った行為（処分）の取消しや差止請求の相手方には被代理者（長）がなるが、当該自治体に対する賠償責任等については、代理者が負うものと解されている。 | 地方自治法第152条第1項・第167条第1項 |
| | 任意代理 | 長の権限に属する事務の一部 | 補助機関の職員 | 長の意思による。 | | | | 地方自治法第153条第1項・第167条第1項 |
| 補助執行――決裁権の内部的配分 | 専決 | 長の権限に属する事務の一部 | 補助機関の職員 | 長の意思による。あらかじめ職区分に応じた専決事項を決定しておくのが普通である。 | 権限の委譲なし。「内部委任」ともいわれ、飽くまでも内部的な関係において長の権限に属する事務の一部についての意思決定の権限を得ているにすぎない。 | 原則として、本来の決裁権者（長）の名義と職印を使用する。 | 原則として、本来の決裁権者（長）が最終責任を負うが、当該自治体に対する賠償責任については、専決者、代決者は免れないと解されている。 | 法律上の根拠はない（ただし、行政委員会の職員等の補助執行については、地方自治法第180条の2）。各自治体で定める事務決裁規程等による。 |
| | 代決 | | | 決裁権者が不在のとき又は欠けたとき。 | 権限の委譲なし。飽くまでも内部的な関係において本来の決裁（決定）権者に代わって臨時に意思決定するにすぎない。 | | | |

## ⑶　文書の決裁後の処理

決裁は、その事案についての最終的な意思決定ですので、決裁が終了したときは、必ずその決裁年月日を決裁文書の所定欄に記入しなければなりません。

# 第3　文書の施行

## 1　「文書の施行」の意義

「文書の施行」とは、決裁文書に基づき行政機関の意思を相手方に伝達する手続をいいます。

すなわち、決裁文書を具体的に施行することができるように、まず浄書し、浄書した文書と決裁文書との照合を経て公印を押して、郵送、使送又は掲示によって相手方に伝達する一連の手続をいいます。

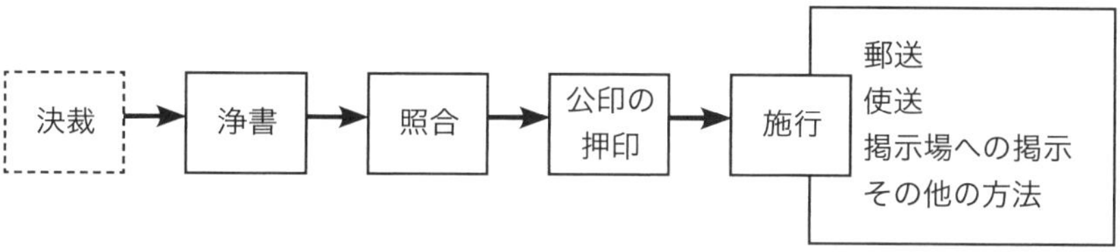


## 2　浄書及び照合

### ⑴　「浄書」及び「照合」の意義

「浄書」とは、決裁文書に基づき、相手方に伝達するための通知文等の文書を正式の文書として清書することをいいます。また、「照合」とは、浄書した文書が決裁文書の内容と一致しているかどうかを照らし合わせ、誤りがあれば訂正して、完全な文書にすることをいいます。

### ⑵　浄書及び照合の必要性

かつて、起案が手書きで行われ、施行のための文書は、タイプ等で浄書されることが一般的でした。その時代には、浄書及び照合は、大切な作業でしたが、ワードプロセッサが普及した現在では、決裁文書と同一内容の文書がいくらでも印字できますから、ほとんど行われなくなりました。

しかし、担当者に任される分、誤字、脱字、漢字変換ミスなどが見逃される傾向があります。文書を発送する前に、改めてチェックし直すなど、意識的に誤りをなくす努力が必要です。

☆　参　考

**自治体におけるワードプロセッサの導入**

自治体における文書作成にワードプロセッサが利用されるようになったのは、1980年代の半ば頃と記憶しています。最初は、課に1台というふうにごく限られた台数が導入されました。ですから、使おうという人は、順番待ちでなかなか仕事がはかどらない有様でした。（でも順番待ちになるくらい、皆使いたいと思ったわけで、とても革新的な道具だと感じたものです。）

それまでは、文書は全て手書きで、書き損じると訂正の上、訂正印を押すものですから、汚くなり、きれいな文書を作れることがあこがれだったのです。もっとも、案の段階できれいな文書が出来上がるものですから、内容も良いもののように感じて、チェックが入りにくい、などと半ば冗談で問題点を指摘する人もいました。

## 3　公印の押印

### (1)「公印」の意義

「公印」とは、公の機関が公文書に用いる印章をいいます。「公印」は、文書が自治体又はその機関の意思を表す文書であることを認め、その文書について当該自治体又はその機関が自ら責任を負うことを明らかにするものです。

施行する文書には、原則として、この公印を押印しなければなりません。さもないと、それを受け取った相手方は、その文書が偽造されたものではなく、真正なものかどうか、正式なものかどうかの判断が困難になります。

最近では、通信回線を利用して、公文書を電磁的方法で送ることもされますが、この場合には、公印に代わるものとして電子署名が行われます。

## ⑵　公印の種類と公印管理者

公印には、「○○市印」のように庁名を表す庁印と、「○○市長印」のように職名を表す職印があります。

公印の種類、形状等及び公印管理者については、公印規程に規定するのが一般的です。

## ⑶　公印の使用

公印の押印を求めようとするときは、決裁文書に浄書した文書を添えて公印管理者に提示します。

公印管理者は、次のような点を確認して、決裁文書に公印承認印を押印した後、公印を押印するのが一般的です。

①　決裁が完了しているかどうか。

②　決裁文書のとおり正確に浄書されているかどうか。

なお、定例的又は軽易な文書は、公印を省略することができるとするのが通例です。

また、一度に大量に使用する必要のある文書や年間を通じて常時相当数を使用するためにあらかじめ印刷しておく必要のある文書には、公印の印影を印刷して使用することができるとするのが通例です。

☆　参　考

## 契印・割印について

①「契印※」とは、決裁文書と施行文書（浄書した文書）にまたがって押される割印をいい、一般に「契」の文字を刻印したものを使用します。この契印は、決裁文書に残された契印の片半分と施行文書に残されたもう片半分とを突き合わせることにより、施行文書が施行されたことを証明し、その施行件数を明示し、あるいは文書の真偽を明らかにする証拠の一つとなるものです。

なお、この契印は、事務の簡素化を図るため、現在、省略する傾向にあります。

**〈契印〉**

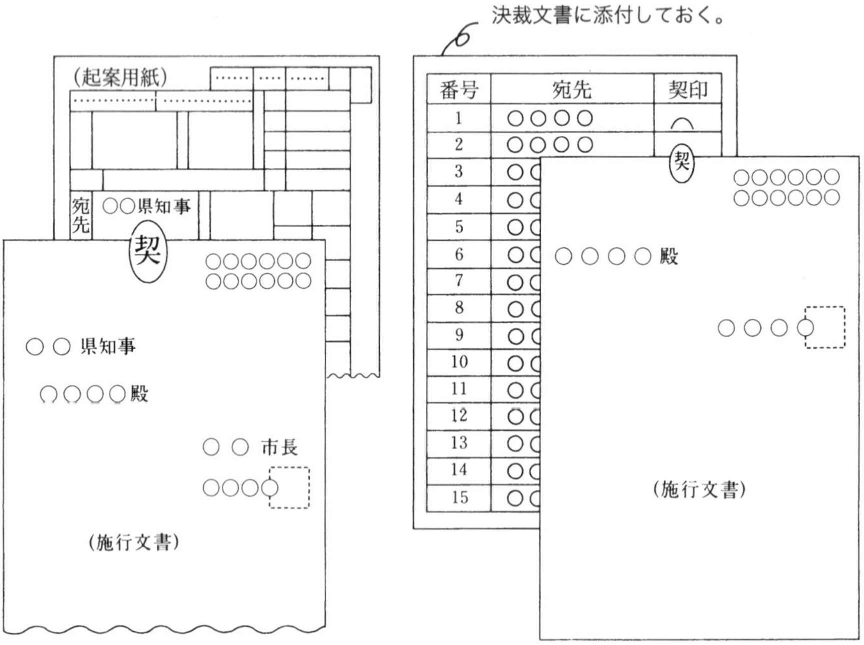


②「割印※」とは、契約書等の重要な文書で紙数が2枚以上にわたるとき、各紙葉が正当に連続していて、抜取りや差し替えがないことを証するために、そのとじ目に押印すること又は押印した印影をいいます。

割印には当該文書に使用した公印を用いて、各紙葉に等分に掛かるように押印します。

※　多くの自治体において、「契印」と「割印」の語を、ここに記した意味で使用していますが、民法施行法（明治31年法律第11号）第6条においては、逆の意味で規定していますから、注意してください。

**〈割印〉**

なお、契約書のページ数が多くなるときは、袋とじとして、最後のページの裏面ののり付け部分に割印を押します。

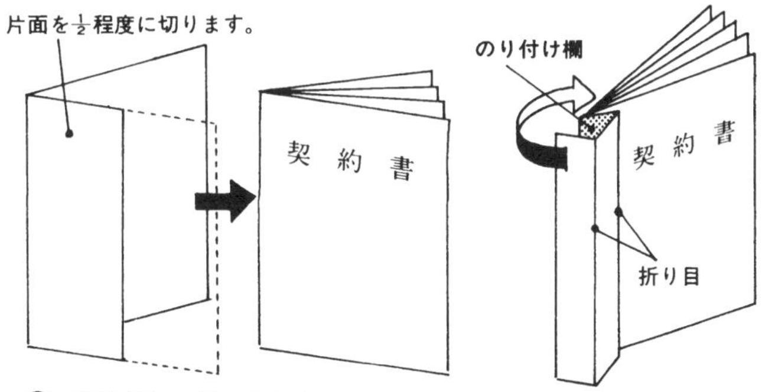


①　契約書に１枚の白紙を当てます。　②　こより等でとじ合わせ、裏側へ折り返してのり付けをします。

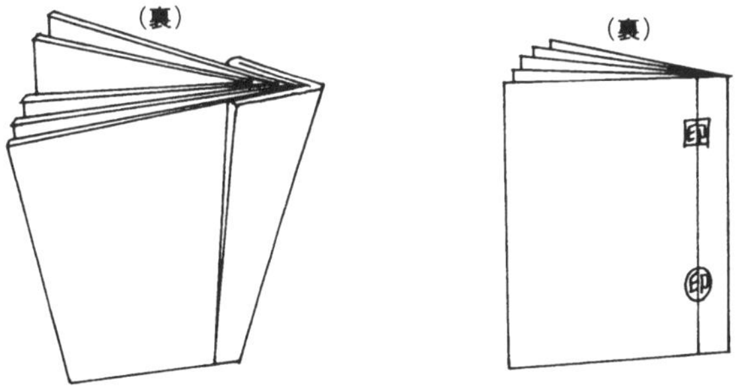


③　裏側へのり付けしたことにより、こより等は紙の裏へ隠れます。　④　割印は図のとおりです。

## 4 発送・公表

文書の施行は、市町村においては、発送（使送を含む。）又は掲示場への掲示の方法によって行われるのが一般であり、これによって文書が公文書として正式にその効力を発生させることになります。

### ⑴ 「発送」の意義及び手続

「発送」とは、郵送、使送等の方法によって、相手方に文書を送達するために行われる手続をいいます。

発送は、一般に文書主管課を通して行うこととされています。文書主管課を通して行う発送の手続については、文書取扱規程等に規定するのが通例です。

### ⑵ 公　表

条例、規則その他の規程で、公表することを要するものの公布又は公表は、地方自治法第16条第4項及び第5項の規定に基づく公告式条例の定めるところにより、掲示場に掲示し、又は公報に掲載して行わなければならないこととされています。

☆　参　考

**公示送達について**

相手方が文書の受領を拒否する場合や相手方が不在であったり、行方不明であったりして文書を送達することができない場合は、「公示送達」によって発送手続を行い、この手続によって相手方に送達されたのと同様の法律効果を生じさせることができます。「公示送達」については、民法第98条、民事訴訟法第110条から第113条まで、地方税法第20条の2の規定などに、その手続が定められています。

# 第4　文書の整理、保管及び保存

文書の収受から施行までが前段であるとすれば、文書の整理、保管及び保存は後段であり、前段がいかに合理的に行われていても、後段が適正に行われなければ、行政全般の円滑な遂行に支障を生じるばかりでなく、その説明責任を全うすることができなくなります。

情報公開の時代を迎えている今日、この文書管理の過程を充実させることがますます重要になってきています。

## 1　文書の整理・保管

### ⑴　「文書の整理・保管」の意義

「文書の整理」とは、多数の文書の中からある文書を必要なときにいつでも取り出せるように、文書を秩序立てて系統的に分類することをいいます。

「文書の保管」とは、処理中又は処理済みの文書を主務課において随時事務の用に供し得るような状態に整理し、管理することをいいます。この「文書の保管」という語は、文書主管課が完結文書の引継ぎを受けて行う「文書の保存」とは区別して用いるのが一般的です。

### ⑵　文書の整理・保管の原則

一般に、文書は、その文書が処理済みにより完結文書となった日の属する会計年度を単位として整理し、保管することが原則とされています。完結文書のうち、前年度と現年度のものは、主務課の事務室で整理し、保管するのが通例です。

### ⑶　文書の整理・保管の方法

文書の整理・保管の方法としては、いわゆるファイリング・システムをとることが一般的です。ただし、ファイリング・システムにおいては、文書をつづり込まず、1件ごとに保管することが原則ですが、一連の業務に関する文書がばらばらにファイルされることもあるため、相互に密接な関連を有する文書は一群のものとしてまとめてファイルすることが望ましいでしょう。

☆　参　考

## ファイリング・システムについて

### 1　ファイリング・システムの意義

ファイリング・システムとは、「組織体の維持発展のために必要な文書を、必要に応じ即座に利用し得るように体系的に整理・保管し、不要となった文書は確実に廃棄する一連の制度」のことです。

### 2　ファイリング・システムの対象となる文書

ファイリング・システムの対象文書は、完結、未完結を問わず、職務上作成し、又は収受した全ての文書とします。ただし、図書、雑誌及びこれらに類するものは対象文書としない方がよいでしょう。

### 3　ファイリング・キャビネットへの収納方法

ファイリング・システムによる文書の整理・保管方法は、文書をファイリング・キャビネット（以下「キャビネット」という。）に収納することが前提となっています。ファイリング・システムで用いる道具類は、次のとおりです。

⑴　キャビネット

フォルダーに挟み込んだ文書は、キャビネットに収納します。一般文書用としては、原則として4段引き出しのキャビネットを使用します。通常、キャビネットの上2段には現年度の文書を、下2段には前年度の文書を収納します。なお、図面等のキャビネットに収納することが適当でないものについては、図面保管庫、書架等を利用します。

⑵　フォルダー

文書は、キャビネットに直接収納しないで、全てフォルダーに挟み込んで収納します。フォルダーは、一枚の厚紙を折って作成した書類挟みであり、文書を保護するとともに、

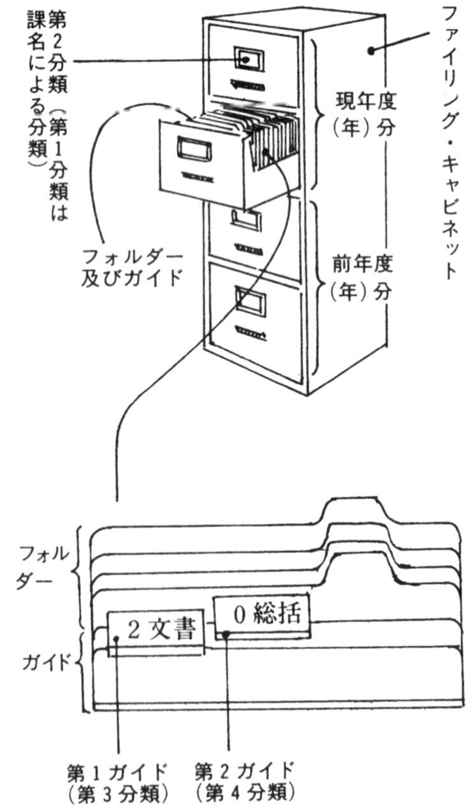

文書を分類するために使用します。フォルダーは、個別フォルダー、雑フォルダー及び懸案フォルダーに区分するとよいでしょう。

ア　個別フォルダー

完結文書は、原則として、つづり込みをしないでファイル基準表により分類された該当の個別フォルダーに整理し、収納します。この場合、2以上の個別フォルダーに関係のあるものは、最も関係のある個別フォルダーに挟み込みます。

イ　雑フォルダー

個別フォルダーで分類するほど書類量のないものは、雑フォルダーを使用します。なお、同種の文書が一定量以上になれば、個別フォルダーを起こし、独立させます。

ウ　懸案フォルダー

配布を受けた文書又は起案文書で、所定の手続の終了していない未完結文書は、懸案フォルダーに挟み込みます。

⑶　ファイル基準表

ファイル基準表とは、各保管単位のファイルについて、その配列、移替え、引継ぎ、保存年限等を示すもので、これによりファイルの維持管理を行い、また、必要な保管文書を探し出す手掛かりとします。

⑷　ガイド

ガイドは、キャビネットに収納している個別フォルダーの所在を示す案内板で、区分けとグループの見出しの役目をします。

ガイドは、第1ガイドと第2ガイドの2種類ぐらいに区分すれば整理がしやすいでしょう。

⑸　ラベル

ラベルには、フォルダーラベルとガイドラベルの2種類があり、文書のタイトルを明らかにするため、フォルダー又はガイドの名称を記入します。

なお、ラベルは、白、赤、青、黄、緑の5色ぐらいに色分けするとよいでしょう。

⑹　保存箱

保存箱は、フォルダーにファイルした文書をそのまま文書庫等で保存する場合に用いる収納箱です。

## 2 文書の保存

### (1) 「文書の保存」の意義

「文書の保存」とは、主務課において一定期間保管した文書を、文書保存箱等に入れて文書主管課に引き継ぎ、文書主管課の管轄下にある文書庫において管理することをいいます。

なお、文書の引継ぎの時期や手続については、文書取扱規程等に規定しておくのが一般的です。

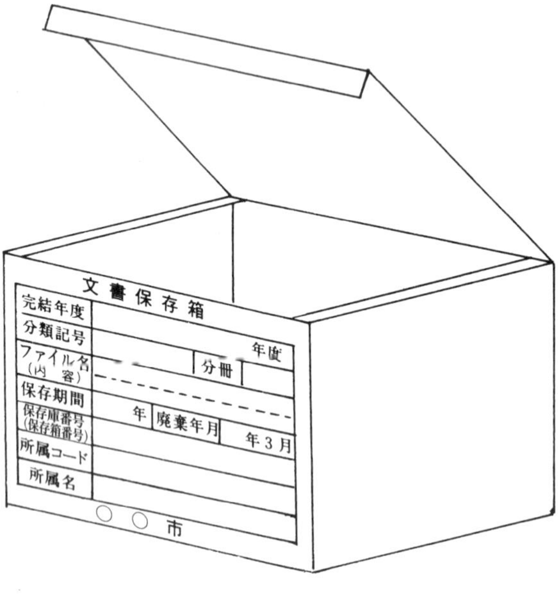


### (2) 保存年限の基準

文書の保存年限は、法令に特別の定めのあるものを除き、文書取扱規程等で定めておくべきです。全国市町村の実例から見れば、永年保存、10年保存、5年保存、3年保存、1年保存の5種に分けるのが最も一般的です。

なお、保存期間の起算日は、一般に次のようになっています。

① 会計年度ごとに整理する文書――当該文書の完結した日の属する会計年度の翌会計年度の4月1日

② 暦年ごとに整理する文書――当該文書の完結した日の属する年の翌年の1月1日

☆ **参　考**

**〈保存年限の例〉**

| 区分 | 文 | 書 |
|---|---|---|
| 第1種（永年） | 1 | 条例及び規則の制定又は改廃に関する文書 |
| | 2 | 令達及び告示の制定又は改廃に関する文書で特に重要なもの |
| | 3 | 国又は県の通知に関する文書で重要なもの |
| | 4 | 歳入歳出予算及び決算書（財政課所管のもの） |
| | 5 | 市議会に関する文書で重要なもの（総務課所管のもの） |
| | 6 | 職員の進退及び賞罰に関する文書並びに履歴書 |
| | 7 | 年金、退職手当及び公務災害補償等に関する文書で重要なもの |
| | 8 | 行政不服審査、訴訟及び和解等に関する文書で重要なもの |
| | 9 | 叙位叙勲及び表彰に関する文書 |
| | 10 | 市の沿革及び市史の資料となる文書で重要なもの |
| | 11 | 原簿、台帳、図面及び統計書等で特に重要なもの |
| | 12 | 市有財産の得喪及び変更に関する文書並びにこれに関する登記文書 |
| | 13 | 市の行政区域の変更に関する文書 |
| | 14 | 前各号に掲げるもののほか、11年以上保存の必要がある文書 |
| 第2種（10年） | 1 | 令達及び告示の制定又は改廃に関する文書で重要なもの |
| | 2 | 国又は県の通知に関する文書で比較的重要なもの |
| | 3 | 通知、申請、届出、報告及び進達等の文書で重要なもの |
| | 4 | 市議会に関する文書で比較的重要なもの |
| | 5 | 監査に関する文書 |
| | 6 | 陳情及び請願等に関する文書 |
| | 7 | 決算を終わった工事の契約書、設計書及び検査書 |
| | 8 | 前各号に掲げるもののほか、10年間保存の必要がある文書 |

| 区分 | 文　書 | |
|---|---|---|
| 第3種（5年） | 1 | 令達及び告示の制定又は改廃に関する文書で軽易なもの |
| | 2 | 予算の執行に関する文書 |
| | 3 | 契約書で、比較的軽易なもの |
| | 4 | 非常勤及び臨時職員等の雇用に関する文書 |
| | 5 | 照会及び回答等の文書で比較的重要なもの |
| | 6 | 諮問及び答申等に関する文書 |
| | 7 | 前各号に掲げるもののほか、5年間保存の必要がある文書 |
| 第4種（3年） | 1 | 出勤簿、出張命令簿、年次休暇簿、時間外勤務命令書及び復命書 |
| | 2 | 予算、決算及び出納に関する文書で軽易なもの |
| | 3 | 報告及び資料等 |
| | 4 | 前3号に掲げるもののほか、3年間保存の必要がある文書 |
| 第5種（1年） | 1 | 通知、報告、照会及び回答等の文書で特に軽易なもの |
| | 2 | 軽易な資料 |
| | 3 | 前2号に掲げるもののほか、1年間保管の必要がある文書 |

### ⑶　保存文書の庁内利用

文書主管課に引き継ぎ、保存している文書も、主務課において参照する必要が生じます。

保存文書の庁内利用には、閲覧と貸出しとがあります。「閲覧」とは保存文書を文書庫内で利用してその場で返却することであり、「貸出し」とは文書庫から保存文書を主務課等に持ち帰って利用することです。この保存文書の利用の手続等については、その活用と秘密保持の両側面を十分満足させるように、文書取扱規程等に明確に規定しておくべきでしょう。

☆　参　考

## マイクロフィルム・システムについて

### 1　マイクロフィルム・システムとは

毎年、保存文書として引き継がれる文書の量は、行政の事務の増加に伴い増えています。マイクロフィルム・システムは、この増加する保存文書の保存利用を科学的な方法により効果的にしようとするものです。フィルムは、ロールフィルムで無孔35ミリメートル幅や16ミリメートル幅（長さ30.5メートル）のものなどを使用します。このマイクロフィルムの特徴は、①その保存寿命が100年程度と、非常に長期間であること、②保存に必要なスペースが、20分の1から30分の1で済み、また、図面の場合は、100分の1で済むこと、③必要なときにコピーをとることができることなどです。

文書保存の合理化のためには、マイクロフィルムのほか、コンピュータを利用してHD、CD又はDVDに記録する方法があり、この方がより省スペースといえます。ただし、コンピュータ及びそのシステムは日進月歩で進歩していますから、電磁的方法による記録は、将来それを読み取るソフトウェアや機器がなくなってしまうこともあるため、依然として、マイクロフィルム・システムが重視されています。

### 2　マイクロフィルム文書の作成

#### ⑴　マイクロフィルムに撮影する文書の範囲

マイクロフィルムに撮影する文書の範囲は、保存文書のうち保存期間が永年に属するものとするのが一般的です。

ただし、後述5の証拠能力の点から次のような文書は除いた方がよいでしょう。

①　争訟に関係しているもの

②　争訟に関係するおそれが特にあるもの

③　特に法令による保存期間の定めのあるものその他文書をそのままの形で保存することが適当であると認められるもの

また、歴史資料として価値があると認められるものも、原本を廃棄できませんから、対象から除いた方がよいでしょう。

文書主管課は、上記の撮影の対象となる文書のうちから、主務課長等の意見を聴いて、撮影する文書を選定するようにすればよいでしょう。

#### ⑵　撮影後の検査

撮影関係の担当者は、撮影の終わったものを検査し、原本が正写されているかどうか十分確認しておかなければなりません。

#### ⑶　証　明

マイクロフィルムに撮影する文書の選定の際に、作成の真正を証明する必要があるものはその旨の指定をし、指定を受けたものについては、検査の済んだ後、証明を行っておきます。証明とは、図面、帳票などを除いた文書を対象に、原本の正写を確認し、公証するための入念な手続をいいます。

### 3　マイクロフィルム文書の保存

マイクロフィルム文書は、文書主管課のマイクロフィルム担当者が整理し、分類してマイクロフィルム・キャビネットに入れて保存します。

保存されているマイクロフィルム文書は、定期的に検査を行い、その保存状況についてチェックを行います。

### 4　マイクロフィルム文書の利用及び複製

マイクロフィルム文書の利用方法としては、閲覧による方法と複写による方法とがあります。職員がマイクロフィルム文書を利用しようとするときは、保存文書利用申込票により文書主管課のマイクロフィルム担当者に請求します。

マイクロフィルム文書は、縮小して撮影されていて肉眼では解読できませんから、リーダープリンターという拡大機を使用して閲覧又は複写をします。

特に必要がある場合には、マイクロフィルム文書の複製を作成し、主務課などに保管又は文書主管課に保存して利用するようにします。

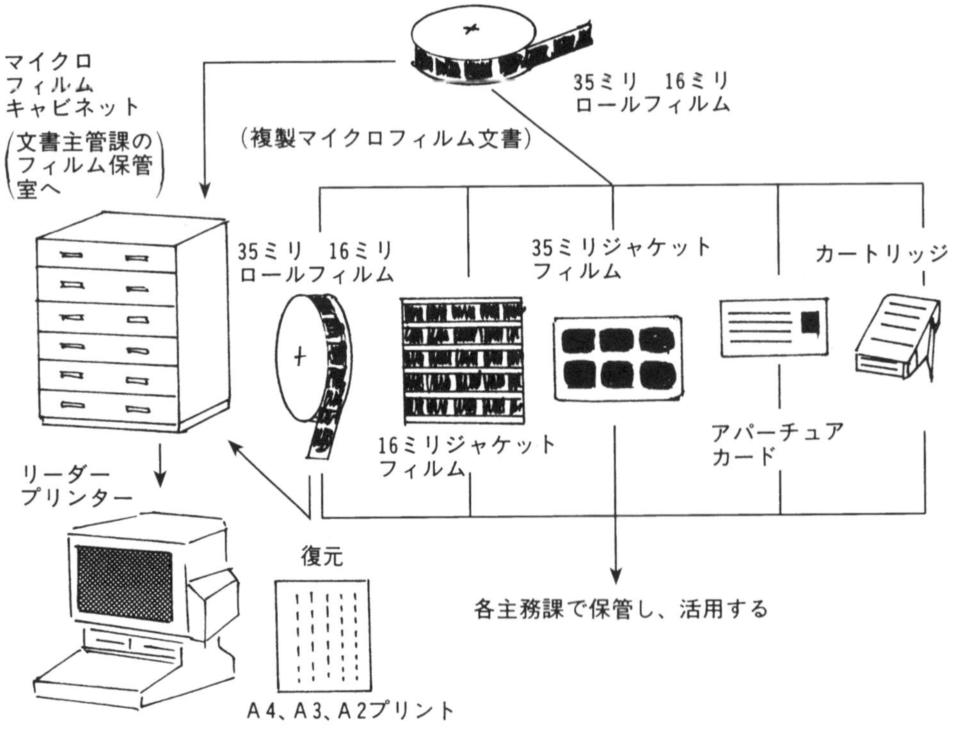

## 5　マイクロフィルム文書の証拠能力

公文書をマイクロフィルムに撮影した場合に、その原本を廃棄しなければマイクロフィルム・システムの意味がありません。そこで、その原本を廃棄した場合に果たしてマイクロフィルム文書が原本と同様の証拠能力を持つことができるかどうかが問題となります。

マイクロフィルムの証拠能力についての公式見解として次のものが出されています。

一つは、自治庁行政局長への法務省刑事局長回答（昭和34年2月11日付け法務省刑事第2448号）で、公文書を撮影したマイクロフィルムの原板は、①撮影対象となった原文書が存在すること、②マイクロフィルムが原文書を正写したものであること、③マイクロフィルムの保管が適切に行われていることについての証明がなされたときは、原文書の謄本としての証拠能力及び証明力を有すると解しています。

他の一つは、自治庁行政局長への法務省民事局長回答（昭和34年3月2日付け法務省民事甲第422号）で、マイクロフィルムの作成者、作成の方法、時期などが適当である場合には、これに原本に近い証拠力を期待できるものと解しています。

## 3 保存文書の廃棄

### (1) 「保存文書の廃棄」の意義

「保存文書の廃棄」とは、保存文書のうち保存期間が満了したものを、焼却・裁断等の方法により処分することをいいます。

### (2) 保存文書の廃棄の手続

文書主管課において、定期的（年度始めなど）に、廃棄予定文書目録を作成し、この目録に基づいて主務課長と協議して廃棄を決定するのが一般的です。

この協議により、保存期間の延長が決定したものは、改めて保存期限を設定します。また、廃棄することに決定したものは、文書主管課において、必要に応じ焼却、裁断、溶解などの方法により廃棄することになります。

なお、主務課の管理する保管文書は、主務課長の責任で廃棄するものとするのが一般的です。

# 第５　歴史資料の公開

## 1　公文書等の管理に関する法律の制定

従来、保存文書の利用は、自治体の事務執行の参考として、過去の記録を振り返ることが主な目的であり、外部の人の利用としては、歴史学者等による研究目的の閲覧が事実上認められる程度でした。国においては、国立公文書館等を設け、より積極的な利用を図ってきましたが､必ずしも十分とはいえない状態でした。しかし、国や自治体など公的機関の管理する公文書の歴史的・文化的価値が確認されることと併せ、情報の公開による説明責任の達成が強く意識されるようになり、平成21年7月1日に公文書等の管理に関する法律が制定されるに至りました。

この法律は、公文書の歴史資料としての活用や説明責任を全うするために、国の公文書の合理的な管理や積極的な利用を規定するとともに、自治体に対しても、この法律の趣旨にのっとり、その保有する文書の適正な管理に関して必要な施策を策定し、これを実施するように努めなければならないとしています。

## 2　自治体における歴史資料の公開

公文書等の管理に関する法律の趣旨により、自治体においても国に準じて公文書の管理と利用を図っていかなければなりませんが、その際注意すべき点を以下に掲げます。

### (1)　公文書の集中管理

公文書が各部・各課に分散して保存されていると、散逸のおそれが強まるとともに、住民の利用が阻害されます。一定期間経過後の公文書は、公文書館のような専門的施設において集中管理し、訓練された職員により利用の案内を行うことができるようにすることが理想といえます。財政的に無理であるとしても、文書主管課による積極的対応が望まれます。

### ⑵　公開基準の策定

公文書には、情報公開条例の適用があり、個人情報等の非開示情報が記載されていると、住民の自由な閲覧・利用は困難です。しかし、一定期間（30年とするのが一般的です。）経過後は、非開示とする理由も弱まると考えられますから、特段の理由がない限り、全部を公開していくべきでしょう。

### ⑶　文書目録の作成

住民の自由な閲覧に供するといっても、どんな文書があるか分からなければ利用できません。文書目録を作成し、住民の目に触れる場所に置いて、積極的な利用を促すことが大切です。

# 第6　情報公開と文書管理

## 1　情報公開制度の下における文書管理の意義

「情報公開制度」とは、憲法の基本理念である「国民主権」（憲法前文）や「表現の自由」（憲法第21条）などの保障に基づく住民の「知る権利」を法制度の中で具体的に保障し、実際に、公的機関やその職員が職務上作成し、又は取得した公文書（情報）を、請求により、住民が見ることができるように開示する制度のことです。

したがって、この情報公開制度は、公的機関の広報活動などによる一方的な「情報提供」とは性格を異にするものです。

ところで、情報公開制度を施行した場合、住民から様々な公文書の開示請求がなされることになりますが、これに対し、情報公開の実施機関は、その管理・保存する膨大な公文書の中から請求者の求める公文書を速やかに開示しなければなりません。

したがって、情報公開制度の下では、行政内部における事務の適正化・効率化に重点を置いただけの文書管理システムではなく、行政の民主化、情報の公開という視点に立った文書管理システムを整備し、充実させる必要があります。

## 2 情報公開制度と文書管理

### ⑴　請求に応じて開示される情報の範囲

情報公開制度の下で、請求に応じて開示される「情報」は、①実施機関が職務上作成し、又は取得したもので、かつ、②現に保有し、③検索可能な状態に整理されている情報のうち、④不開示情報に該当しないものに限っているのが通例です。

実際の情報公開条例においては、開示の対象となるものとして、「実施機関の職員が職務上作成し、又は取得した文書、図面、写真、フィルム及び電磁的記録（電子的方式、磁気的方式その他人の知覚によっては認識することができない方式で作られた記録をいう。以下同じ。）であって、当該実施機関の職員が組織的に用いるものとして、当該実施機関が保有しているもの」（東京都の例）というように規定しているのが一般的です。

### ⑵　情報公開制度下の文書管理の条件

情報公開制度によって、情報公開の目的を達成するためには、次のような条件を満たす文書管理が必要です。

①　行政情報は、全て「公文書」に記録し、保存すること。

意思決定した情報や職務上取得した情報は、公文書に正確に記録・保存する原則が組織として確立されていなければなりません。

②　行政情報は、分かりやすく文書化すること。

開示される情報は、公文書に記録されたままの、いわゆる加工されていない「生」の情報でなければなりません。

したがって、請求者たる住民が閲覧してすぐに理解できるような分かりやすい公文書を作成する必要があります。

③　公文書は、組織的な管理を行うこと。

公文書を私物化するようなことのない、組織的な管理体制をとることが必要です。

④　公文書は、所定の文書保存期間に従い、適切に保存すること。

文書保存期間を情報公開制度の視点から見直し、その保存期間に従って、適切に保存しなければなりません。

⑤　公文書は、適正なファイリング・システムの下に検索可能な状態に整理しておくこと。

情報公開制度が的確に運営されるためには、住民の開示請求に応じ、公文書を迅速・確実に検索できる必要があります。

したがって、その有効な手段であるファイリング・システムを適正に実施することが必要です。

⑥　不開示情報の保護を適切に行うこと。

情報の開示請求があっても、個人のプライバシーなど保護されるべき不開示情報を誤って開示することがないようにしなければなりません。

情報公開制度の下では、保有する情報は、全て開示すべき対象とするのが原則とされていますが、いろいろな制約から不開示としなければならないものもあります。

情報公開条例で不開示とされている情報は、おおむね次のようなものです。

・個人のプライバシー
・法人等の企業秘密
・法令等で公開が禁止されているもの
・行政当局が行う取締り予定、入札予定価格、入学試験問題など

### ⑶　請求から開示までの事務の流れ

情報公開の窓口としての情報公開相談室のような機関や必要に応じて情報公開の可否を審査する情報公開審査会などの組織の整備をし、開示請求から開示までの事務が円滑に流れるようにしなければなりません。

開示請求から開示までの事務の流れは、おおむね次ページの図のようになります。

**〈情報開示の請求から開示までの事務の流れ〉**

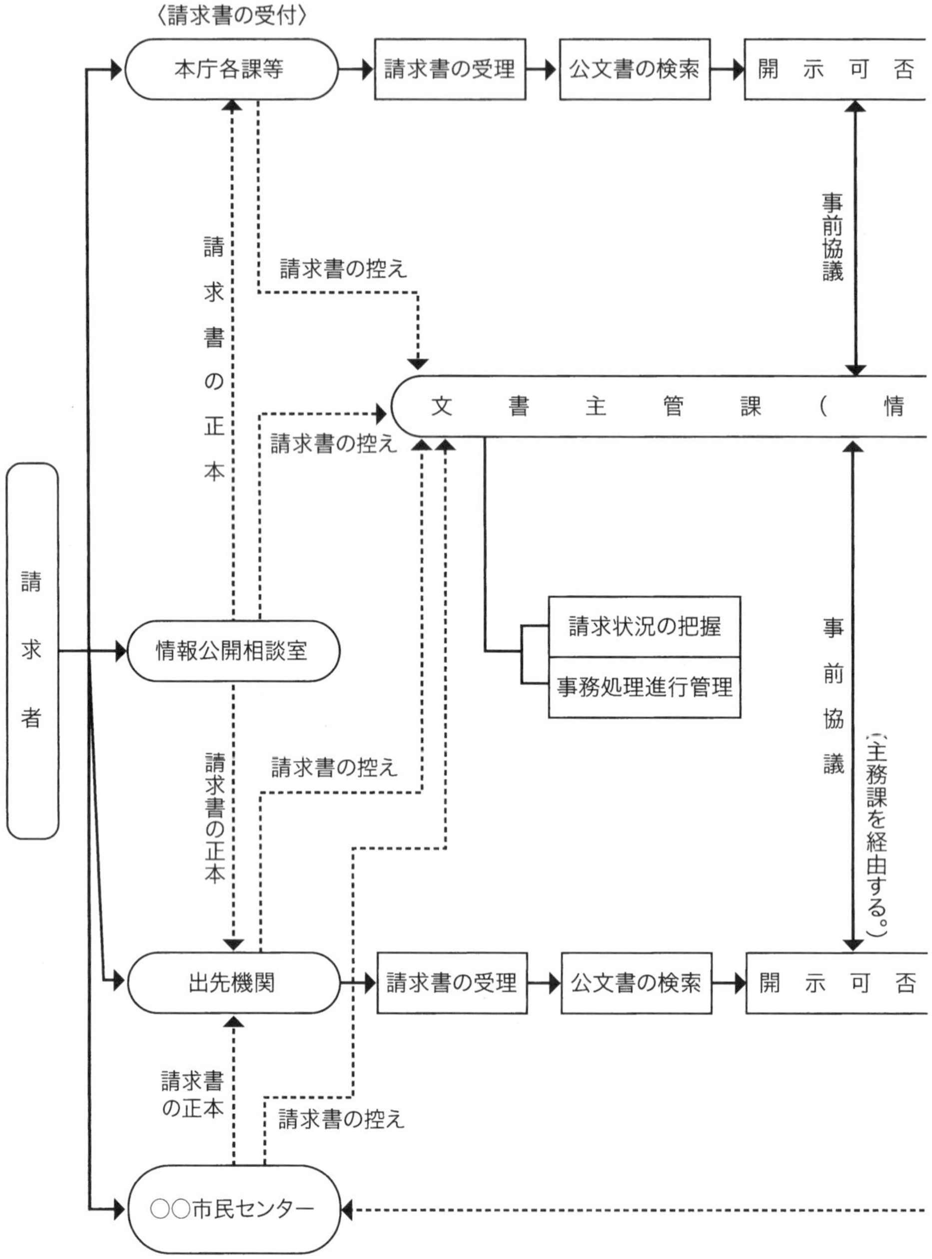

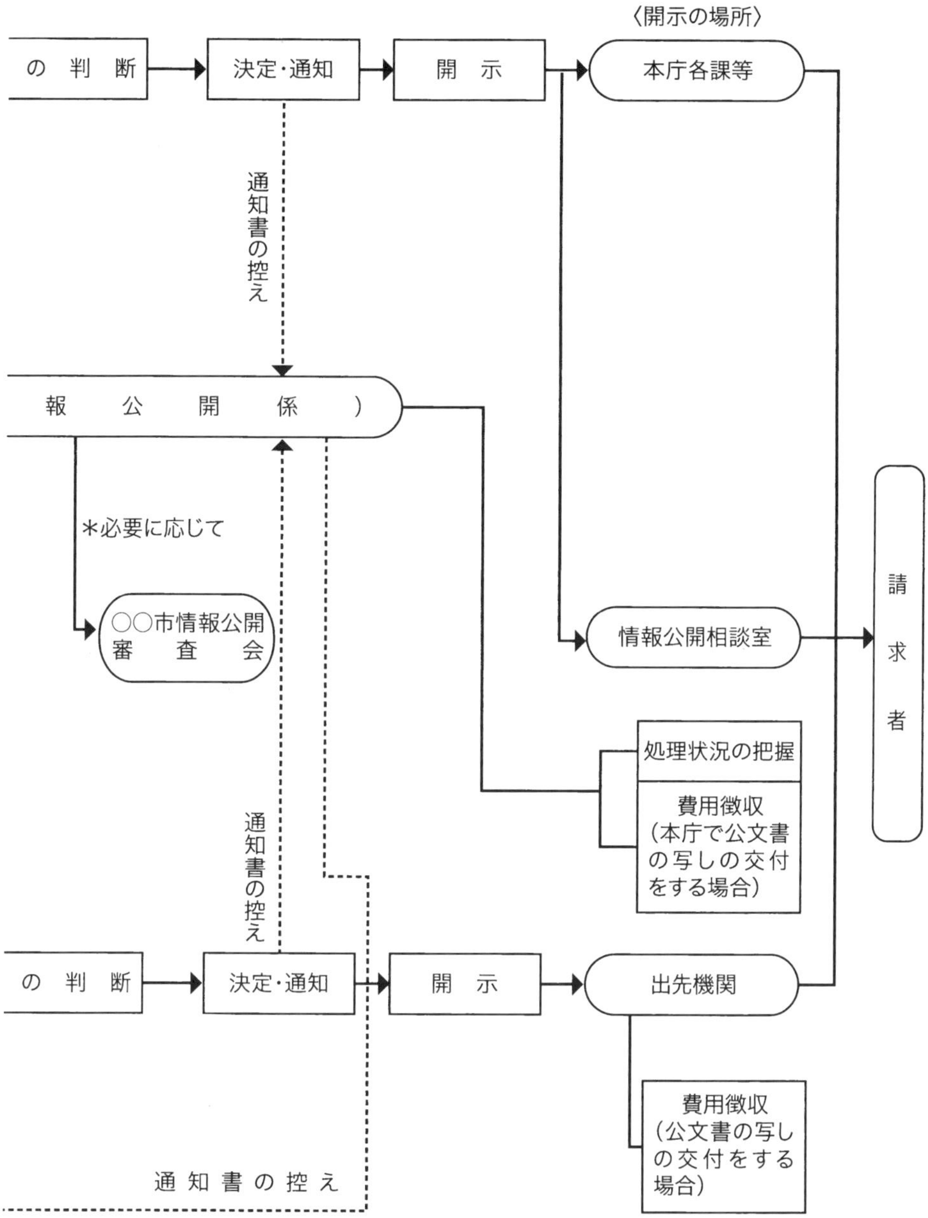
〈開示の場所〉
の　判　断
決定･通知
開　示
本庁各課等
通知書の控え
報　公　開　係　）
＊必要に応じて
○○市情報公開
審　査　会
情報公開相談室
請　求　者
処理状況の把握
費用徴収
（本庁で公文書
の写しの交付
をする場合）
通知書の控え
の　判　断
決定･通知
開　示
出先機関
費用徴収
（公文書の写し
の交付をする
場合）
通　知　書　の　控　え

# 第7　情報の管理とセキュリティー

第6で述べたように、住民の情報開示の請求に対し、迅速に応えることは、国民主権の理念に基づく住民の「知る権利」を具体的に保障するために必要です。一方、非開示情報を適切に保護することも、個人のプライバシーの尊重や自治体の業務の円滑な執行の観点から大切なことです。

非開示情報の保護など情報の適切な管理のためには、秘密とすべき文書を指定して、厳重に管理する必要があります。また、近年では、重要な情報が電磁的記録としてファイルサーバなどに収められていることが多くありますが、情報システムやファイルのセキュリティーの確保は、情報化社会にあって大きな課題になっています。

## 1　秘密文書の指定

秘密文書とは、非開示情報の記載された文書で、主務課長が秘密の取扱いにすべきものと指定したものをいいます。

秘密文書の指定は、あらかじめ指定の基準を作っておいて、文書を作成し、又は収受した際に、個々に指定します。秘密の種類には、期限を設けずに秘密とするものと一定の期限までの一時的な秘密（「時限秘」といいます。）とがあります。

秘密文書に指定した文書には、(秘)、(時限秘) などの秘密の種類に応じた表示をします。

秘密文書とされた文書は、秘密を守るため、決裁や回覧の過程においても、職員が持ち回ったり、袋に包んで回したりして、部外者に見られないように注意します。退庁時などに文書を保管する際には、机の引き出しなどにしまわずに、鍵のかかる書棚に収めて忘れずに鍵をかけるようにします。

## 2 情報セキュリティー対策

自治体においても、近年は情報化が進展し、決裁をコンピュータシステムで行ったり、通知をメールシステムで送付したりしています。また、多くの情報が自治体のデータベースに保存されています。このため、なりすましを防ぐための認証システムの開発・導入のほか、情報システムへの不正アクセスや情報流出を防ぐためのファイアーウォールの構築などに努めています。これら情報セキュリティー対策を講ずる上で重要なポイントを幾つか挙げておきます。

### ⑴　責任者の指名

情報セキュリティー対策を企画し、推進するためには、その責任者を指名し、権限を明らかにする必要があります。そして、最高責任者には、市町村長に直属する高度なレベルの役職者を充てることが必要です。

### ⑵　技術的な対策の実施

電磁的記録は、一たび外部に流出すると回収することはほとんど不可能です。多くの情報システムがインターネットに接続されている中、被害を防ぐためには、何よりも専門的知識・技術を用いて外部からの不正アクセスやコンピュータウィルスの侵入を防ぐことが重要です。

### ⑶　行動規範の制定

システムを運用するのは、個々の職員です。セキュリティーを確保するためには、技術的な対策の実施に加え、職員の行動規範を定めることが大切です。情報を許可なく外に持ち出さない、私物の記録媒体やパソコンを持ち込んで職場のシステムに接続しないなどのルールを明確に定めておきましょう。

# 第3編

# 公用文の書き方

# 第１　基本的な心得

## 1　文字や言葉の用い方への配慮

**①　文字や言葉は、誰にでも分かりやすく親しみやすいものを用いること。**

公用文は、その性質上、誰にでも容易に理解することができるものでなければなりません。役所内で用いられている専門用語などは、一般には分かりにくいものが多いので、相手方を十分考慮して用いるようにすべきでしょう。

また、公用文で用いる文字や言葉遣いには、「第２　公用文の表記の仕方」で述べるような一定の基準があることに注意しなければなりません。

なお、最近の行政機関における言葉遣いの重点は、次のような点に置かれています。

ア　権威主義的で命令的な感じのする言葉は避け、親しみやすい言葉遣いをすること。

イ　文語調や漢語調の言葉は避け、現代的な言葉遣いをすること。

ウ　曖昧な表現や意味の分かりにくい言葉は避け、分かりやすい言葉遣いをすること。

エ　不快感を与える言葉は避け、相手の気持ちになった言葉遣いをすること。

オ　外来語を余り乱用しないで、日本語を大切にした言葉遣いをすること。

**②　文字や言葉は、統一のある用い方をすること。**

同一の文章や一件の文書の中で、同じ事柄（概念）を表現するのに、一方で漢字を用い、他方で仮名を用いたり、異なる漢字を用いたりすることは、読み手にとって分かりにくく、誤読されるおそれがありますので、避けるべきです。

**③　用語の格調に配慮すること。**

公用文において、分かりやすく、親しみやすい言葉遣いが大切であり、法令用語や専門用語を乱用することは避けるべきですが、逆に、俗な表現や砕けた言い方は、不信感をもたらすこともあります。公式の文書であることを忘れないようにしましょう。

## 2　簡潔な表現

分かりにくい文字や言葉を避け、正確に書いたとしても、文章が回りくどく複雑なものであれば、読み手にとって理解しやすいものとはいえません。文章は、それに盛り込まなければならない事項は十分盛り込むとしても、主題を絞って簡潔に表現するように努めなければなりません。

簡潔に表現するためには、次のような工夫をする必要があります。

①　文章は、できるだけ短く書くこと（一つのセンテンスに複数の主語＋述語を置かないこと。）。

〔例〕　明日は、市民公園で総合防災訓練が行われるが、○○課からは、二人の職員が参加します。

↓

明日は、市民公園で総合防災訓練が行われます。このため、○○課からは、二人の職員が参加します。

②　適当な段落（パラグラフ）を付けること。

③　適宜、標題や見出し、見出し番号（例えば、第1、第2、……）などを付けること。

④　箇条書や表を活用すること。

⑤　句読点を要領よく付けること。

## 3 論理的な構成・文法にかなった構文

公用文は、文学作品と異なり、常に論理的でなければなりません。したがって、文章は論理的に構成し、一つ一つの文章は文法にかなった構文（文の組立て）でなければなりません。

論理的な構成の方法として、大前提と小前提から結論を導くいわゆる「三段論法」がありますが、公用文の種類によっては、結論（相手が知りたいこと）から述べた方がよい場合が多々あります。

また、文法を無視したような文章では、もとより論理的ではあり得ないし、相手方に正確な理解を望むことはできないことを肝に銘じておくべきです。

## 4 適切で過不足のない内容

公用文に盛り込む内容は、その文章の趣旨からして適切で、読み手の理解を深めるために過不足のない、行き届いた内容であることが必要です。

### (1) 盛り込むべき内容

相手方に伝えるべき事項については、必要な内容が抜け落ちることがないようにしなければなりません。よく「5W1Hの原則」といわれますが、このような事項を確認し、必要な事項を書き落とさないようにすることが必要です。

5W1Hとは、次のとおりです。

| | | |
|---|---|---|
| When | いつ | 〔日・時〕 |
| Who | 誰が | 〔主体〕 |
| Where | どこで | 〔場所〕 |
| What | 何を | 〔対象（客体）〕 |
| Why | なぜ（何のために） | 〔原因（理由）〕 |
| How | どのように | 〔状態（方法）〕 |

### ⑵　結論は何か

公用文は、5W1Hを含め過不足のない内容により、その趣旨の理解を図った上で、結論として、「何を、どうするか」を示さなければなりません。単純な事実報告を除き、公用文の多くは、今後の方針など、具体的な行動を示すために作成されることを忘れないようにしましょう。

### ⑶　主観を控える

公用文には、自治体の正式の意思が表明されます。ですから、「と思う」「と考える」などの主観的判断を表す言葉は、極力用いないようにします。

## 5　決められた書式の遵守

公用文は、原則として、一定の書式に従って作成しなければなりません。決められた書式によって作成されていない場合には、公用文として無効になることもありますから、公用文の作成に当たっては、書式についても十分注意する必要があります。

公用文の種類ごとの書式については、当該自治体の公文例規程などで定めるのが一般的ですが、法令などの規定で書式が定められている場合には、それらの書式によることになります。

# 第2　公用文の表記の仕方

## 1　表記の基準

公用文を作成する上で準拠すべき基準については、それぞれの自治体で公文例規程や文書取扱規程などで定めているのが一般的です。

しかし、これらの基準がそれぞれの自治体によってまちまちであることは、公用文の性格上余り望ましいことではありません。国、自治体のいずれの公用文も同じ国民を対象にしている以上、国の基準と自治体の基準とは、当然、一体性があるべきです。

したがって、各自治体における公用文の表記の基準は、おおむね、次のような国が定めた公用文の基準に従って定められています。

① 常用漢字表（平成22年11月30日内閣告示第2号）
② 現代仮名遣い（昭和61年7月1日内閣告示第1号）
③ 送り仮名の付け方（昭和48年6月18日内閣告示第2号）
④ 外来語の表記（平成3年6月28日内閣告示第2号）
⑤ 公用文改善の趣旨徹底について（依命通知）（昭和27年4月4日内閣閣甲第16号）
⑥ 公用文における漢字使用等について（平成22年11月30日内閣訓令第1号）
⑦ 法令における漢字使用等について（通知）（平成22年11月30日内閣法制局総総第208号）

## 2　横書きと縦書き

文章の書き方には、横書きと縦書きがありますが、公用文は、特別のものを除き、左横書きとするのが通例です。

左横書きが公用文に採用されたのは昭和24年内閣閣甲第104号依命通知（公用文作成の基準について）以降のことですが、更に昭和27年内閣閣甲第16号依命通知（公用文改善の趣旨徹底について—公用文作成の要領）で「なるべく広い範囲にわたって左横書きとする」こととされました。

その理由は、左横書きに次のような利点があり、少なからず事務能率の増進に貢献すると考えられているからです。

① 左横書きの場合は、縦書きの場合ほど腕を動かさなくても多くの文字を書くことができること。

② 縦書きの場合は書き終わった部分が手で隠れて見えないが、左横書きの場合は書き終わった部分を見ながら、書き続けることができること。

③ 左横書きの場合は、左から右へ、上から下へ書くので、書き終わった部分のインク等が乾くのを待つことなく書くことができること。

④ 左横書きの場合、アラビア数字（洋数字）を用いることができるが、このアラビア数字は、縦書きで用いる漢数字に比べ、表記の点で能率がよく、表記の仕方によって読み誤ることが少ないこと。

⑤ 縦書きの場合は、一般に行末から行頭へ目を移行するのに距離があるが、左横書きの場合は、この距離が短く、生理的な視野も縦より横の方が広いので、それだけ能率的であり、読みやすいこと。

このように、左横書きには、縦書きに比べて多くの利点がありますが、反面、数字を含んだ語の表記や句切り符号などが、書き手の主観によって選択されることにより、表記上の不統一を来すという欠点もあります。

したがって、公用文を左横書きにしている場合には、その表記の細部について、統一のための取決めをしておくことが大切です。

**☆ 参　考**

公用文は、原則として左横書きとなりました。しかしなお、多くの自治体で縦書きとして残ったのは、条例・規則などの例規文、告示文、表彰文などです。これは、例規文及び告示文は、国の法令を引用することがあり、それが縦書きであるため、横書きにしにくいことが理由の一つです。表彰文は、縦書きのほうがなじみがあることによるものでしょう。近年では、これらの文も横書きにする自治体があります。

## 3 文　体

### (1) 常体と敬体

公用文で用いられる文体は、「である」で言い切る常体（普通体）と、「です・ます」で言い切る敬体（丁寧体）とがあります。通常、常体を「である体」といい、敬体を「です・ます体」といいますが、おおむね次のように使い分けるのが一般的です。

「である体」…………条例・規則などの例規文、契約文、証明文、辞令文など
「です・ます体」……照会・回答などの往復文、表彰文など

☆ **参　考**

常体と敬体を更に細かく分け、それらを丁寧さの低いものから順に並べると次のようになります。

常体
- ①…………… だ。
- ②…………… である。

敬体
- ③…………… です。
- ④…………… であります。
- ⑤…………… でございます。

このうち、④⑤などの敬語表現は、礼状や挨拶状などの特別なものに限って用いるのが一般的です。

なお、常体であれ敬体であれ、一つの文章（センテンス）の途中では、次の例のように丁寧さの低いものを使ってもよいこととされています。ただし、言い切りの部分（文末）で常体と敬体が混在するような表現は、絶対に避けるべきです（箇条書は、例外として、敬体の文章の中であっても、常体でよいこととされています。）。

〔例〕 A地区の下水道施設は施工済みだが、B地区の下水道施設は計画中である。

A地区の下水道施設は施工済みですが、B地区の下水道施設は計画中であります。

自治体が窮極の目標としているのは、公共の福祉を向上させることです。（いちいち「としていますのは」とする必要はない。）

## (2) 口語体と文語体

現代社会において日常使われる言葉を口語といい、伝統的な書き言葉を文語といいます。

公用文は、口語体の表現で書くこととされ、文語体の表現は原則として用いないこととされています。

ただし、次に掲げるものは、本来文語体の表現ですが、公用文に用いても差し支えありません。

① 「あり、なし、同じ」—これらは、簡単な注記や表の中などで、終止形に限り用いてもよいとされています。

〔例〕 被扶養者　あり
配偶者　なし
住所　本籍に同じ。

② 「たる」—「たる」（連体形）だけを用います。「たり、たれ」などの形は用いません。

○ 公務員たる労働者、市の代表者たる市長
× 勤勉な職員たれ

③ 「べき」—「べき」（連体形）だけを用います。「べし、べく」などの形は用いません。なお、「べき」がサ行変格活用の動詞に続くときは、「するべき」としないで、「すべき」とするのが原則です。

○ 議論すべき問題、実行すべきである
× 実行すべく指示する

☆　**参　考**

文語体と口語体の違いは、例えば、次のとおりです。

| 文語体 | 口語体 |
|---|---|
| これが処理 | その処理 |
| せられんことを | されるよう |
| ごとく、ごとき | のように、のような |
| 進まんとする | 進もうとする |
| かくのごとき | このような |
| されたい | してください |
| AないしB | A又はB |
| 必要なる | 必要な |

## 4　文　法

正確で分かりやすい公用文を書くためには、文法の原則を守ることはもちろん、構文（文の組立て）にも配慮しなければなりません。文法・構文上注意すべき点は、次のとおりです。

鬼に金棒です。

①　主語と述語をしっかり対応させること。

〔例〕　消費税の特徴の一つは、納税義務者と担税者が異なり、平成元年度から実施されます。

↓

消費税の特徴の一つは、納税義務者と担税者が異なるところにあります。この消費税は、平成元年度から実施されます。

②　中止法（一つの文章中で動詞等を連用形で中止し、次に続ける記述の仕方）を使うと意味が曖昧になる場合は、中止法を避けること。

〔例〕 該当するものを丸で囲み、いずれにも該当しない場合は「その他」を丸で囲み、右の欄に理由を記入してください。

↓

該当するものを丸で囲んでください。いずれにも該当しない場合は、「その他」を丸で囲み、右の欄に理由を記入してください。

③　修飾する語句が何を修飾するのかをはっきりさせること。

〔例〕 充実した資料の管理

↓

A　充実した資料

B　充実した管理

④　否定形では、打ち消されるものが何かをはっきりさせること。

〔例〕 専決は委任のように権限の委譲はない。

↓

A　専決は、委任と異なり、権限の委譲はない。

B　専決は、委任と同じように、権限の委譲はない。

C　専決は、委任ほど権限の委譲はない。

〔注〕 例文は、上記A、B、Cのいずれにも解釈することができ、誤読されるおそれがありますので、Aのように表現すべきでしょう。

〔例〕 公園内では、立入禁止区域に立ち入り、竹木を伐採しないでください。

↓

公園内では、立入禁止区域に立ち入ったり、竹木を伐採したりしないでください。

（「たり」は、対句を示す助詞。片方だけ用いるのは誤りである。）

⑤　何と何が並列の関係にあるのかをはっきりさせること。

〔例〕　研修には、課長補佐と課長の半数を出席させること。

↓

A　研修には、課長補佐全員と課長の半数を出席させること。

B　研修には、課長補佐と課長のそれぞれ半数を出席させること。

⑥　受身形は、なるべく用いないこと。また、抽象的な語を主語にすることも、なるべく避けること。

〔例〕　このような状態は、速やかに改善されなければならない。

↓

このような状態を速やかに改善しなければならない。

⑦　語句を省略しすぎないこと。

ア　必要な主語を落とさないこと。

〔例〕　館長は、係員の指示に従わないときは、その利用許可を取り消すことができます。

↓

館長は、利用者が係員の指示に従わないときは、その利用許可を取り消すことができます。

イ　必要な述語を落とさないこと。

〔例〕　館長の許可なく持ち出しを禁じます。

↓

館長の許可なく持ち出すことを禁じます。

(「禁じます」の目的句は、「許可なく持ち出し」ではなく、「許可なく持ち出すこと」である。)

ウ　必要な助詞を落とさないこと。

〔例〕 住民から強い改善措置の要求に対応して、……

↓

住民からの強い改善措置の要求に対応して、……

## 5 漢　字

### (1) 漢字使用の原則

現代の国語を書き表すための漢字使用の「目安」として常用漢字表（平成22年内閣告示第2号。123ページ参照）が定められていますが、国や地方自治体においては、この常用漢字表を単なる「目安」とせず、公用文における漢字使用の原則としています。

つまり、公用文に用いる漢字の範囲、音訓の範囲及び字体は、それぞれ、常用漢字表で定める字種（2136文字）、音訓及び字体（通用字体に限る。）としています。

常用漢字表にない漢字を「表外字」といい、常用漢字表で認めていない音訓を「表外音訓」といいますが、公用文には、原則として、この表外字や表外音訓は用いないということです。

ただし、次のような場合は、例外的に常用漢字表によらないことができるとするのが通例です。

① 地名・人名等の固有名詞を表す場合
② 専門用語等で平仮名で書くと分かりにくくなる場合（この場合には、振り仮名を付けるのが原則です。）

なお、表外字及び表外音訓は、原則として公用文では使いませんが、反面として、常用漢字表に字種・音訓ともにある漢字は、特に平仮名で書くこととされている場合のほかは、積極的に使用することになります。我が国の国語表記は、「漢字仮名交じり文」で行われていますので、漢字と平仮名を程よく交えることが肝要です。漢字、平仮名のどちらに偏りすぎても、読みにくく、分かりにくくなるおそれがあることに注意すべきでしょう。

## ⑵ 常用漢字表にあっても平仮名で書く場合

常用漢字表にない漢字は、原則として用いないこととされているため、当然、平仮名で書くことになりますが、常用漢字表にある漢字であっても、平仮名で書く場合があります。この原則を品詞別に表にまとめると、次のようになります。

| 原則<br>品詞 | 常用漢字表にあるもの | | 常用漢字表にないもの |
|---|---|---|---|
| | 原則として漢字で書く。 | 原則として平仮名で書く。 | 当然、平仮名で書く。 |
| 代名詞 | 彼　何　僕　私　我々　誰 | | これ　それ　どれ　ここ　そこ　どこ　いずれ |
| 副詞・連体詞 | 必ず　少し　既に　直ちに　甚だ　再び　全く　最も　専ら　余り　至って　大いに　恐らく　必ずしも　辛うじて　極めて　殊に　更に　少なくとも　絶えず　互いに　例えば　次いで　努めて　常に　初めて　果たして　割に　概して　実に　切に　大して　特に　突然　無論<br>- - - - - - - -<br>明くる　大きな　来る　去る　小さな　我が（国） | かなり　ふと　やはり　よほど | こう　そう　どう　いかに　ここに　とても　なお　ひたすら　やがて　わざと　わざわざ<br>- - - - - - - -<br>この　その　どの　あらゆる　いかなる　いわゆる　ある（日） |
| 接頭語 | 〈接頭語が付く語を漢字で書く場合〉<br>不熱心<br>亜熱帯<br>御案内<br>御依頼<br>御挨拶 | 〈接頭語が付く語を仮名で書く場合〉<br>ごべんたつ | お願い　み心　かき消す |
| 接尾語 | | 惜しげもなく　私ども　偉ぶる　弱み　少なめ | 子供ら　5分ごとに　若者たち　お礼かたがた |
| 接続詞等 | 及び　並びに　又は　若しくは　次に | おって　かつ　したがって　ただし　ついては　ところが　ところで　また　ゆえに | しかし　しかしながら　そうして　そこで　そして |
| 助動詞・助詞 | | ない（現地には、行かない。）<br>ようだ（それ以外に方法がないようだ。）<br>ぐらい（20歳ぐらいの人）<br>だけ（調査しただけである。）<br>ほど（3日ほど経過した。） | 次のように考えた。<br>15日までに提出すること。<br>歩きながら話す。<br>資料などを用意する。 |

| 原則<br>品詞 | 常用漢字表にあるもの | | 常用漢字表にないもの |
|---|---|---|---|
| | 原則として漢字で書く。 | 原則として平仮名で書く。 | 当然、平仮名で書く。 |
| 形式名詞・補助動詞等 | | こと（許可しないことがある。）<br>とき（事故のときは連絡する。）<br>ところ（現在のところ差し支えない。）<br>もの（正しいものと認める。）<br>とも（説明するとともに意見を聴く。）<br>ほか（特別の場合を除くほか）<br>ゆえ（一部の反対のゆえにはかどらない。）<br>わけ（賛成するわけにはいかない。）<br>とおり（次のとおりである。）<br>ある（その点に問題がある。）<br>いる（ここに関係者がいる。）<br>なる（合計すると1万円になる。）<br>できる（誰でも利用することができる。）<br>……てあげる（図書を貸してあげる。）<br>……ていく（負担が増えていく。）<br>……ていただく（報告していただく。）<br>……ておく（通知しておく。）<br>……てください（問題点を話してください。）<br>……てくる（寒くなってくる。）<br>……てしまう（書いてしまう。）<br>……てみる（見てみる。）<br>ない（欠点がない。）<br>……てよい（連絡してよい。）<br>……かもしれない（間違いかもしれない。）<br>……にすぎない（調査だけにすぎない。）<br>……について（これについて考慮する。） | そのうちに連絡する。<br>雨が降ったため中止となった。<br>10時に到着するはずだ。<br>原文のままとする。<br>東京において開催する。<br>書いてやる。<br>前例によって処理する。<br>1週間にわたって開催する。 |

〔注〕① 「形式名詞」とは、普通名詞のうち、本来の意味を失って形式的に用いられ、修飾語を持たなければ独立した意味を持ち得ないものをいいます。「こと」「とき」「ところ」「もの」などがあります。「事故のときは連絡する。」の「とき」は形式名詞ですが、「時を待て。」の「時」は、本来の意味（時刻・時期）を持つ普通名詞ですから、漢字で書きます。

② 「補助動詞」とは、もともと動詞である語が、本来の意味と自立語としての性質を失って、助動詞のように用いられるものをいいます。前に「て」（……してください。）か「で」（……しないでください）が付くのが一般です（ただし、「問題点をお話ください。」（尊敬）というように「て」や「で」が付かないこともあります。）。

「本を下さい。」や「本を頂く。」などは、本来の動詞ですから、漢字で書きます。

## ⑶　常用漢字表の範囲内で書き表せないものの書換え・言換え

常用漢字表の範囲内で書き表せないものは、次のように書換え又は言換えをするのが一般的です。

（下線の付いた漢字は、表外字を示す。）

①　平仮名書きにするもの

〔例〕　謳われる ──→ うたわれる
　　　　看做す ──→ みなす（「看」は表外音訓）
　　　　予め ──→ あらかじめ（表外音訓）

ア　単語の表外字の部分だけを平仮名に改める方法は避け、全て平仮名で書くもの（原則）

〔例〕　斡旋 ──→ あっせん
　　　　煉瓦 ──→ れんが

イ　漢字を用いた方が分かりやすいため単語の表外字の部分だけを平仮名にするもの（例外）

〔例〕　溜池 ──→ ため池
　　　　口腔 ──→ 口こう

②　常用漢字表中の音が同じで、意味の似た漢字に書き換えるもの

〔例〕　雇傭 ──→ 雇用
　　　　車輛 ──→ 車両
　　　　煽動 ──→ 扇動
　　　　碇泊 ──→ 停泊

③　同じ意味の言葉に言い換えるもの

〔例〕 改悛 ——→ 改心
捺印 ——→ 押印

④　易しい言葉に言い換えるもの

〔例〕 庇護する ——→ かばう
漏洩する ——→ 漏らす

## 6 送り仮名

### (1) 送り仮名の付け方の原則

「送り仮名の付け方」(昭和48年内閣告示第2号。152ページ参照) は、活用のある語、活用のない語及び複合の語などの別に応じ、原則としてそれぞれに、送り仮名の付け方の「本則」、「例外」及び「許容」を定めています。

「本則」とは、送り仮名の付け方の基本的法則です。「例外」とは、本則に合わないが、例外的に適用される送り仮名の付け方です。「許容」とは、本則によっても、これによってもどちらでもよいとされる送り仮名の付け方です。複雑で、必ずしも画一的な法則に従っているわけではないので、本書の152ページに収録した「送り仮名の付け方」を御覧いただいて、そこに掲げられた用例を覚えるしかありませんが、公用文に適用する際のポイントを以下に説明します。

＊上記の用語の意味は、次のとおりです。
「活用のある語」とは、動詞、形容詞及び形容動詞をいいます。
「活用のない語」とは、名詞、副詞、連体詞及び接続詞をいいます。
「複合の語」とは、漢字2字以上が含まれる語をいいます。

## ⑵ 送り仮名の付け方のポイント

**【ポイント1】**

活用のある語は、活用語尾を送るのが原則です。

〔例〕 表す　承る　行う　賜る　（五段活用）
　　　生きる　現れる　考える　助ける　（上一・下一段活用）

☆ **参　考**

**〈動詞形の活用の仕方〉**

| 行 | 例語 | 語尾／語幹 | 未然 | 連用 | 終始 | 連体 | 仮定 | 命令 |
|---|---|---|---|---|---|---|---|---|
| サ行<br>5段 | 表す | あらわ<br>（表） | さ<br>そ | し | す | す | せ | せ |
| ラ行<br>5段 | 賜る | たまわ<br>（賜） | ら<br>ろ | り | る | る | れ | れ |
| カ行<br>上1 | 生きる | い<br>（生） | き | き | きる | きる | きれ | きよ<br>きろ |
| ラ行<br>下1 | 現れる | あらわ<br>（現） | れ | れ | れる | れる | れれ | れよ<br>れろ |

**【注意】**

一般には、「表わす」、「賜わる」、「行なう」のように、活用語尾の前の音節から送ることも行われていますが、公用文では認められないので、本則に従い、「表す」、「賜る」、「行う」のように書きます。

✕　表わす　→　○　表す
✕　賜わる　→　○　賜る
✕　行なう　→　○　行う

**【ポイント2】**

ポイント1の原則にかかわらず、活用語尾以外の部分に他の語を含む語（例えば、他動詞と自動詞というような関係にある語など）は、含まれている語の送り仮名の付け方によって送ります（含まれている語を〔　〕の中に示します。）。

〔例〕 動かす〔動く〕　照らす〔照る〕　向かう〔向く〕
終わる〔終える〕 変わる〔変える〕 集まる〔集める〕

**【注意】**

一般には、読み間違えるおそれがない場合、活用語尾以外の部分について、次の「浮ぶ」、「起る」、「当る」のように、送り仮名を省くことも行われていますが、公用文では認められないので、本則に従い、「浮かぶ」、「起こる」、「当たる」のように、省かないで書きます。

✕　浮ぶ　→　○　浮かぶ
✕　起る　→　○　起こる
✕　当る　→　○　当たる

**【ポイント3】**

名詞には、送り仮名を付けません。ただし、活用のある語から転じた名詞及び活用のある語に「さ」、「み」、「げ」などの接尾語が付いて名詞となったものは、もとの語の送り仮名の付け方によって送ります。

〔例〕 動き　曇り　調べ　届け　当たり
確かさ　重み

「係」などの語は、「市民係」などのように用いる場合は、送り仮名を付けませんが、「修飾語の係り方」のように、動詞の意識が残っているような使い方の場合は、送り仮名を付けます。

**【注意】**

一般には、読み間違えるおそれのない場合、次の「曇」、「届」、「答」のように、送り仮名を省くことも行われていますが、公用文では認められないので、本則に従い、「曇り」、「届け」、「答え」のように、省かないで書きます。

×　曇　→　○　曇り
×　届　→　○　届け
×　答　→　○　答え

ただし、表に記入したり、記号的に用いたりする場合には、公用文においても、送り仮名を省くことができます。

**【ポイント4】**

複合の語の送り仮名は、原則として、その複合の語を書き表す漢字のそれぞれの音訓を用いた単独の語の送り仮名の付け方によります。

〔例〕複合動詞—打ち合わせる　取り消す　取り計らう　申し込む
複合名詞—後ろ姿　斜め左　独り言　日当たり　教え子
乗り降り　暮らし向き　移り変わり

**【ポイント5】**

ポイント4の原則にかかわらず、複合名詞で読み間違えるおそれのない語は、次の例のように送り仮名を省きます。

〔例〕明渡し　入替え　受入れ　受持ち　打合せ　打合せ会　埋立て
売上げ　買上げ　書換え　貸付け　借入れ　組合せ　繰入れ
繰越し　備付け　立入り　手続　届出　取決め　取消し　取調べ
話合い　引締め　引継ぎ　未払　申合せ　申込み　申立て　雇入れ
呼出し　割増し　割戻し

**【注意】**

一般には、「申し込む」を「申込む」と書くなど、複合動詞についても送り仮名を省くことが行われますが、公用文では複合名詞に限って省きます。

また、一般に、「売り上げ」を「売上」などと書き表すことも行われますが、公用文では、送り仮名を複数個省くことは、原則としてありません。

✕　書き換え　→　○　書換え　←　✕　書換
✕　取り消し　→　○　取消し　←　✕　取消
✕　届け出　→　○　届出

## 7　仮名遣い

### (1)　仮名遣いの原則

公用文における仮名遣いは、「現代仮名遣い」(昭和61年内閣告示第1号。160ページ参照) によることとされています。

### (2)　現代仮名遣いの注意点

①　仮名は、原則として、発音どおりに書きます。ただし、助詞の「を」「は」「へ」は、例外とされています。

✕　本お読む　→　○　本を読む
✕　私わ　→　○　私は
✕　家え帰る　→　○　家へ帰る

②　動詞の「いう（言）」は、「いう」と書きます。

✕　どうゆうふうに　→　○　どういうふうに

③　「じ」と「ぢ」、「ず」と「づ」については、「じ・ず」を原則とし、「ぢ・づ」は例外的に用います。「ぢ・づ」を用いることができるのは、次の場合のみです。

ア　同音の連呼によって生じた「ぢ」「づ」の場合

〔例〕　ちぢみ　ちぢれる　ちぢこまる　つづみ　つづく　つづめる　つづる

イ　2語の連合によって生じた「ぢ」「づ」の場合

〔例〕　はなぢ（鼻血）　そこぢから（底力）　いれぢえ（入知恵）
みかづき（三日月）　たづな（手綱）　にいづま（新妻）
てづくり（手作り）　もとづく（基づく）　つれづれ

④　長音については、ア列は「あ」、イ列は「い」、ウ列「う」、エ列は「え」というように、当該列の母音を用いて書き表しますが、オ列は「う」を用いて書き表します。

〔例〕　おうじ（王子）　おうぎ（扇）　かおう（買おう）
はなそう（話そう）　あそぼう（遊ぼう）

ただし、次のような語は、「お」を添えて書き表すこととされていますので注意しなければなりません。

〔例〕　おおかみ　おおやけ（公）　こおり（氷）　とお（十）
おおう（覆う）　こおる（凍る）　とおる（通る）
次のとおり　もよおす（催す）　おおい（多い）
おおきい（大きい）　おおむね　おおよそ

### ⑶　片仮名の用い方

公用文においては、次のような場合は、片仮名を用います。

①　外国（漢字を用いる国を除く。）の地名・人名を書き表す場合

〔例〕イタリア　スウェーデン　エリザベス女王　シューベルト

②　外来語・外国語を書き表す場合

〔例〕ガラス　ラジオ　ビール　アメニティ　コンセプト

〔注〕外来語とは、外国語が日本語となった語のことをいいますが、外来語であっても、「たばこ」や「かるた」などのように、外来語の意識が薄くなっている語は、平仮名で書きます。

## 8　数　字

数字には、漢数字（一、二、三）、アラビア数字（1、2、3）、ローマ数字（Ⅰ、Ⅱ、Ⅲ）の3種類がありますが、公用文にはローマ数字はほとんど用いられません。

数字の用い方の一般的な原則は、次のとおりです。

### ⑴　左横書きの場合

①　原則として、アラビア数字を用います（例外については、⑤のとおり）。

②　数字の桁の区切り方は、3桁区切りとし、区切り符号には「,」（コンマ）を用います。ただし、年号、文書番号、電話番号など特別なものには、区切り符号を付けないのが一般的です。

③　小数、分数の書き方は、次のとおりです。

小数‥‥ 0.234

分数‥‥ 3分の1　$\frac{1}{3}$　1／3（図表など）

④　日付・時刻・期間の書き方は、次のとおりです。

ア　日付･･･ 原則として、元号（明治・大正・昭和・平成）を用いて書きます。

〔例〕 平成2年4月1日

図表などで省略する場合

平2.4.1

H2.4.1

イ　時刻･･･ 12時間単位の表記と24時間単位の表記があります。

〔例〕 午後2時30分

14時30分

ウ　期間･･･ 暦月と期間との混同を避ける必要がある場合は、「箇」又は「か」を付けて表記します（法令には、「か」は用いません。）。

〔例〕 3月

3箇月

3か月

### 午前12時＝午後零時？

12時間単位で時刻を表す場合、意味の上では、「午前12時＝午後零時」、「午後12時＝午前零時」という等式が成り立ちます。

「午前12時」は午前の最終時としての、「午後12時」は午後の最終時としての意味合いがあります。また、「午前零時」は午前の出発時としての、「午後零時」は午後の出発時としての意味合いがあります。

一方、「12時」や「零時」そのものは、午前でも午後でもないという考え方もありますから、夜中の零時（午後12時）を「午前零時」といい、昼の零時（午前12時）を「正午」と呼ぶようにすれば紛れがないでしょう。

ところで、正午を10分過ぎた場合は、「午後12時10分」か「午後零時10分」かという問題があります。どちらも間違いではありませんが、この場合は、「午後零時10分」の方が誤解を避けられるでしょう。

なお、期限などを表す場合は、その継続性の点から、「午後6時から午後12時まで」のような表現の方が分かりやすいでしょう。

⑤　横書きの場合でも、次のような言葉は、漢数字を用います。

ア　固有名詞

〔例〕　二重橋　四国　八重桜　九州

ただし、数字の部分に固有名詞性が薄く、数量感が残っているものは、アラビア数字を用いてもよいでしょう。

〔例〕　国道4号線

イ　概数を示す語

〔例〕　十数人　数十日　何十年　二、三日

ウ　数字を含む熟語で、数量感が薄いもの

〔例〕　第一線　一般的　一部分　一昨日　第三者　三々五々
　　　　四分五裂　四方八方

エ　桁の大きい数に「兆」、「億」、「万」等の単位を添える場合

〔例〕1万5,000人　1兆3,000億円

オ　「ひとつ」、「ふたつ」、「みっつ」と読む語

〔例〕　一休み　二部屋　三月　五つ子

## どちらを用いますか？

| | | |
|---|---|---|
| 生計を1/一にする | 1/一の納期 | 2/二輪自動車 |
| 1・四<br>第1・4半期<br>一・四 | 1/一件書類 | 1/一眼2/二肢 |
| 第2/二検査課 | 3/三大関節 | 1/一親等 |
| 第1/一順位 | 第2/二次納税者 | 1/一人用机 |
| 第3/三債務者 | 用具1/一式 | 4/四分5/五裂 |

あなたはナニ字派？

### ⑵　縦書きの場合

①　原則として、漢数字を用います。

②　漢数字は、原則として、発音どおりに書きます。

〔例〕

平成二十三年十一月二十五日

五万六千五百五十円

本町三丁目十二番五十六号

ただし、多くの数字を列挙する場合や表の中で用いる場合などで見やすくする必要のあるときは、十・百・千・万などを省いて、アラビア数字の書き方に倣って書き表してもよいでしょう（読点で3桁区切りとする。）。

〔例〕

一、二五六、〇〇〇円

## 9　句切り符号等

### ⑴　句点（「。」（マル））

句点は、文章の完結の印として文末に付けますが、次のような原則があるので注意しなければなりません。

①　(　　)や「　　」の括弧内の場合

ア　括弧内で完結する字句が名詞形のときは、原則として「句点」を付けません。しかし、その字句が名詞形で完結しても、更に字句が続くときは、「句点」を付けます。

〔例〕　自転車放置規制条例（平成元年○○市条例第○号）
　　　改正前の○○市行政組織規則（平成元年○○市規則第○号。以下「旧規則」という。）

イ　括弧内で完結する字句が名詞形以外の形であって、文章を言い切っているときは、句点を付けます。

〔例〕「非常時に対する備えは、万全ですか。」と呼び掛けた。
　　　○○に関する規則（以下「規則」という。）

②　箇条書の場合

ア　完結する字句が名詞形のときは、原則として「句点」を付けません。しかし、「こと」又は「とき」で終わるとき、及びその箇条書の中で更に字句が続くときは、句点を付けます。

〔例〕　文書主任は、その所属する課における次の事務に従事する。
　　　⑴　文書の収受、配布及び処理に関する事務
　　　⑵　文書の審査に関する事務
　　　⑶　文書の整理、保管及び廃棄に関する事務。ただし、……を除く。

イ　完結する字句が名詞形以外の形であって、文章を言い切っているときは、句点を付けます。

〔例〕　りん議方式の長所は、次のとおりです。
　　　⑴　下位者によって原案が作成されるため、実際的な案が出やすい。
　　　⑵　上下のコミュニケーションを良くする。
　　　⑶　職員のモラールの向上に役立つ。

③　注記としての括弧書きと句点の位置関係

句点は、文章のまとまりを示す符号ですから、(　　) が後に続く場合は、(　　) を隔てて付けることがあります。

〔例〕 ………である（ただし、………に限る。)。

ただし、二つ以上の文章や段落全体に（　　）で注記を付けるような場合には、注記の直前の文章の句点は、(　　) よりも前に付ける。

〔例〕 ………である。………ということができる。(このようなことは、………による。)

## ⑵　読点（「、」（テン）又は「,」（カンマ））

読点は、文章の切れ目を明らかにし、語句の続き方を示して読み違いや読みにくさを避けるために用いるものです。読点は、読み手のために付けるものであることを念頭において、解釈上必要なところに適切に付けなければなりません。

読点の付け方については、次のような基本的原則があります。

①　語句の係り方を明示するために必要な場合は、「読点」を付けます。

〔例〕 40歳以上で、既往歴のある者及び自覚症状のある者は、必ず○○検診を受診してください。

この例によると、「40歳以上で」は、「既往歴のある者」と「自覚症状のある者」とに係るから、○○検診を受診する必要があるのは、いずれも40歳以上の者に限られることとなります。「40歳以上で」の後に読点がないと、それは、「既往歴のある者」にしか係らないから、自覚症状のある者は、年齢にかかわらず、○○検診を受診する必要があることとなります。

②　主語の次には、原則として「読点」を付けます。ただし、条件句や対句の主語の次には「読点」は付けません。

〔例〕　市長は、利用者が係員の指示に従わないときは、その利用の許可を取り消すことができる。（＿＿＿＿が条件句の主語）

部長は部の事務を、課長は課の事務を統括する。（＿＿＿＿が対句の主語）

③　動詞、形容詞などの連用形の後に「読点」を付けます。

〔例〕　○○山の自然環境を保全し、市民の憩いの場とします。

④　名詞を並列して記述する場合、その並列する名詞が二つのときは「読点」を付けないで、「及び」、「又は」などの接続詞でつなぎます。しかし、並列する名詞が三つ以上の場合には、最後の名詞のつなぎだけに接続詞を用い、その前に並列する名詞のつなぎには「読点」を用います。

〔例〕　部長及び課長
部長、課長、課長補佐及び係長

ただし、並列する名詞等の最後を「等」でくくるときは、読点だけでつなぎ、「及び」や「又は」は用いません（なお、このような表現は曖昧であるので、法令文では避けるべきでしょう。）。

〔例〕　部長、課長、係長等の役職

⑤　動詞、形容詞又は副詞を並列して記述する場合には、その並列する語が二つであっても、「及び」、「又は」などの接続詞の前に「読点」を付けます。また、三つ以上のときは、前に並列する語は「読点」でつなぎ、最後の二つの語のつなぎには「読点」を付けて、接続詞を用います。

〔例〕　使用料を減額し、又は免除すること。
　　　　新素材を製造し、販売し、及び輸出する業者

⑥　名詞を並列して「その他」でくくる場合には、「その他」の前には「読点」を付けません。しかし、動詞、形容詞又は副詞を並列して「その他」でくくるときには、「その他」の前に「読点」を付けます。

〔例〕　電気通信を行うための機械、器具、線路その他の電気的設備
　　　　電気通信設備を用いて他人の通信を媒介し、その他電気通信設備を他人の通信に供することを業とする者

⑦　限定や条件などを表す語句や挿入句の前後には「読点」を付けます。

〔例〕　市長は、利用者がこの条例に違反したときは、その利用の許可を取り消すことができます。(条件句)
　　　　文化会館の施設を利用する人は、たとえいかなる事情があろうとも、あらかじめ館長の承認を受けずに施設に工作をすることはできません。(挿入句)

⑧　句と句を接続する「かつ」の前後には、「読点」を付けます（単語と単語を接続するときは、「読点」は付けません。)。

〔例〕　市長は、その結果を関係者に通知し、かつ、これを公表しなければなりません。
　　　　行政の民主的かつ能率的な運営

⑨　文章の初めに置く次のような接続詞、接続詞句又は副詞の次には、原則として「読点」を付けます。

「ただし」、「しかし」、「したがって」、「すなわち」、「この場合」、「例えば」など

⑩　名詞を説明するために「で」又は「であって」を用いる場合、その後に続く説明の字句が長いときは、「で」又は「であって」の後に「読点」を付けます。

〔例〕　教職員として10年勤続した者であって、その功績が特に顕著であると認められたもの

⑪　項目の順序を示す見出し番号には、「第1、……」、「2、……」、「(3)、……」、「ア、……」のようには、「読点」は付けません。読点の代わりに1字分空けるのが原則です。

## (3)　中点（「・」）

中点は、次のような場合に用います。

①　密接不可分な名詞をつなぐ場合（密接不可分であるかどうかは、その文脈による。）

〔例〕　机・椅子のセット
　　　　○○委員会の委員長・委員

②　漢数字において小数点を表す場合

〔例〕　五十六・五パーセント

③　外来語、外国の地名・人名を書き表す場合

〔例〕ファイリング・システム　アジア・アフリカ会議　アダム・スミス

### ⑷　ピリオド（「.」）

ピリオドは、アラビア数字において小数点を表す場合に用います。

〔例〕　3.1415

### ⑸　括弧（　）

括弧は、一つの語句又は文章の後に注記を加える場合、字句を定義する場合、字句の略称を定める場合などに、その注記等の範囲を示すときに用います。

〔例〕　青少年（年齢13歳以上20歳未満の者をいう。）

### ⑹　かぎ括弧「　」

かぎ括弧は、語句を引用する場合、用語を定義する場合、略称を設ける場合などに、その語句、用語、略称を明示するときに用います。

〔例〕　この項において「青少年」とは、13歳以上20歳未満の者をいう。
　　　　年齢13歳以上20歳未満の者（以下「青少年」という。）

### ⑺　繰り返し符号

公用文においては、繰り返し符号は、「々」と「〃」のみを用います。「々」は、「国々」、「人々」というように用いますが、続く漢字が異なった意味で使用されているときは用いません。

〔例〕　民主主義、委員会会則
　　　　（例えば、「民主」と「主義」は、それぞれ異なった意味を持つ独立した語であるから、「民主々義」としてはおかしい。）

なお、「〃」は、表などで用いるのが一般的です。

### (8) 項目の順序を表す見出し番号

項目の順序を表す見出し番号は、次のようにするのが一般的です。

① 横書きの場合

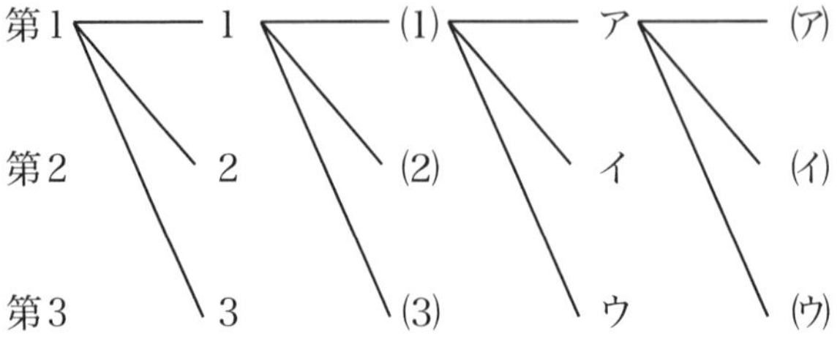


② 縦書きの場合

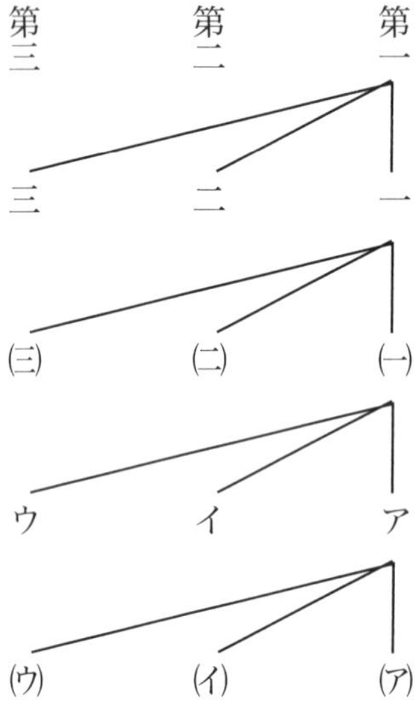


ただし、項目の段階の少ない場合には、必ずしも「第1」又は「第一」から始める必要はありません。

## 10 敬　語

公用文においても敬語を用いる必要のある場合は少なくありません。敬語は、使い過ぎたり間違って使ったりすると相手方に不快感を与え、逆効果になりますので、できるだけ簡潔に用いるべきでしょう。

## ⑴ 「お・ご」の使い方

「お・ご」を付けるのが適当である場合は、次のとおりです。

① 相手の物事を表す場合で、「あなたの」という意味にとれる場合

〔例〕「(あなたの) お体にお気を付けてください。」
「(あなたの) 御想像のとおりです。」
「(あなたの) お食事は、お済みですか。」

② 当方の物事であるけれども、相手に対する物事なので、「お・ご」を付けるのが習慣になっている場合

〔例〕「お願いがあります。」
「お礼申し上げます。」
「御返事を差し上げます。」
「御報告いたします。」
「御挨拶申し上げます。」

## ⑵ 動作を表す語の敬語法

動作を表す語の敬語法には、相手の動作に付ける「尊敬語」と自分の動作に付ける「謙譲語」があります。

この尊敬語と謙譲語の対比を示すと、次のとおりになります。

| | | 尊敬語 | 謙譲語 |
|---|---|---|---|
| 一般的な表現 | 動詞（連用形） | お（断り）になる | お（断り）する |
| | 名詞 | 御（連絡）なさる | 御（連絡）いたす |
| 特別な表現 | する<br>言う<br>来る<br>見る | なさる<br>おっしゃる<br>いらっしゃる<br>御覧になる | いたす<br>申す・申し上げる<br>参る<br>拝見する |

### (3)　尊敬の助動詞「れる」・「られる」

この「れる」、「られる」は、「書かれる」、「言われる」、「来られる」というように、動詞について尊敬語になります。

しかし、「御報告される」という表現は誤りです。「れる」、「られる」を付けるときは、「お」又は「御・ご」という接頭語は付けないこととされています。

また、もともと謙譲語である語に「れる」、「られる」を付けても尊敬語になるわけではありませんので、注意しなければなりません。

×「部長が申される」→ ○「部長がおっしゃる」

×「部長が参られる」→ ○「部長がいらっしゃる」

### (4)　団体や人を指す言葉

①　自分の役所

県ならば「当県」又は「○○県」を用い、市ならば「当市」又は「○○市」を用います。「本県」や「本市」は、対外的には用いないのが一般的です。

なお、「当庁」や、自身を指して「当職」というのは、やや堅苦しい印象があります。

②　相手の団体

「貴市」、「貴社」、「貴審議会」というように「貴」を付けるのが一般的です。

③　相手の人

「あなた」とするのが標準です。「貴方」、「貴殿」などは用いない方がよいでしょう。

なお、公務員の場合は、「貴職」とするのが適当なこともあります。

## ⑸ 敬　称

公用文の宛名（受信者名）に付ける敬称は、次のとおりです。

① 官庁・会社などの団体やその組織の場合……「御中」

〔例〕 ○○市役所御中　　総務部総務課御中

② 職名のみの場合・個人名を付けた職名の場合……「殿」又は「様」

〔例〕 人事課長殿　　鈴木事務長様

③ 多人数宛て（同文のとき）の場合……「各位」

〔例〕 ○○会委員各位（「各位様」や「各位殿」は誤り）

④ 個人名（氏名を書いたとき）の場合……「殿」、「様」、「先生」

〔例〕 鈴木　隆様　　和田　徹先生

〔注〕「殿」、「様」について

最近では、公用文の宛名の敬称については、「様」を原則とし、特別な場合に限って「殿」を用いることとしている自治体が増えています。

これは、昭和27年国語審議会建議「これからの敬語」中に「将来は公用文の「殿」も「様」に統一されることが望ましい。」とあることや、「番頭はん（様）とでっちどん（殿）」というように、「殿」よりも「様」の方が敬度が高いと考えられることによるものと思われます。

## 11 その他注意を要する用語

### ⑴　対句を表す「たり」

対句の両方に「たり」を入れて用います。

〔例〕　住民に義務を課したり、住民の権利を制限したりする場合には、条例の制定が必要です。
（後の方を「制限する場合」とするのは、誤り）

### ⑵　並列を表す「と」

何と何が並列になっているのか紛らわしいときには、最後の語句にも付けます。

〔例〕　横浜市と東京都の南部との間
〔注〕一般的には、「天と地の間」でよい。

### ⑶　条件を表す「ならば」

「ならば」は「ば」を略さないで用います。

〔例〕　同じ意見ならば、協力してください。

### ⑷　理由を表す「ので」と「から」

「ので」は「雨が降ったので、中止しました。」というように事実（客観）に続き、「から」は「雨が降ると思ったから、中止しました。」というように意見（主観）に続くという一応の使い分けがありました。しかし、今は、このような区別はほとんどありません。

公用文では、「ので」の方が当たりが柔らかいので、事実・意見に関わりなく、「ので」を用いる方が望ましいでしょう。

## ⑸「より」と「から」

一般には、両方とも時や行為の起点を表す語として用いられていますが、公用文においては、起点を表す場合は「から」を用い、「より」は用いません。「より」は、比較を表す場合にしか用いないこととされています。

〔例〕 会議は、午後1時から始めます。（起点）
　　　日本には、富士山より高い山はない。（比較）

# 第3　公文書の書式

## 1　用紙の大きさ

JISの紙の規格には、次のようにA列とB列があります。公文書の大きさは、国が平成4年11月30日各省庁事務連絡会議申合せによりA列4判（A4判）に統一することにして以来、A4判が主流となっています。

① A列0～10番（国際的な紙の規格で「菊判」に相当）
② B列0～10番（日本独自の紙の規格で「四六判」に相当）

〔注〕 A列、B列とも短辺と長辺の比は、1：$\sqrt{2}$（1.414…）です（黄金分割＝最も美しい形）。また、番数は、0番の紙を何回折ったかという折りの回数を示します。

**〈JIS　P0138（紙加工仕上寸法から）〉**

単位mm

| 番＼列 | A列 | B列 |
|---|---|---|
| 0 | 841×1189（約1㎡） | 1030×1456（約1.5㎡） |
| 1 | 594×841 | 728×1030 |
| 2 | 420×594 | 515×728 |
| 3 | 297×420 | 364×515 |
| 4 | 210×297 | 257×364 |
| 5 | 148×210 | 182×257 |
| 6 | 105×148 | 128×182 |
| 7 | 74×105 | 91×128 |
| 8 | 52×74 | 64×91 |
| 9 | 37×52 | 45×64 |
| 10 | 26×37 | 32×45 |

## 2 往復文書の書式

照会、通知などのために用いる往復文書の書式については、公式の規格はありません。一般に用いられている書式は、次のとおりです。

契印

(1)　文書番号
(2)　発信日付

(3)　受信者名

(4)　発信者名

(5)　件名………………………………（…………………）

(6)　本文……………………………………………………………………………
……………………………………………………………………………………
……………………………………………………………………………………。

記

1　……………………………………………………………………………
2　……………………………………………………………………………
3　……………………………………………………………………………

(7)　追伸　………………………………。
(8)　同封　1　………………………………
　　　　　2　………………………………

以　　上
(9)　担当者名

## ⑴　文書番号

公文書には、軽易なものを除き、その文書固有の文書番号を付けるのが一般的です。文書番号は、記号と番号で組み立てられており、一般に、前の記号は主務課名の略号であって、後の数字は会計年度（特別のものは、暦年）による一連番号です。

## ⑵　発信日付

発信日付は、原則として、その文書を施行（発送・公示など）する年月日です。決裁の日付ではありません。

公文書においては、この発信日付が重要な意味を持つ場合が多いので、必ず年・月・日とも入れる必要があります。

## ⑶　受信者名

公文書における受信者名は、権利や義務に関わることが多いので、その表記については十分注意しなければなりません。

受信者名の書き方については、次のような一般原則があります。

①　往復文書などの一般文書では、宛先が個人の場合はその氏名とし、団体の場合はその団体の長の職氏名とする。ただし、官公庁間の往復文書で補助機関宛ての場合は、職名だけとする。

②　受信者名は、発信者名と対照的に用いる。発信者名が職氏名であるときは、受信者名も職氏名とし、発信者名が職名のみのときは、受信者名も職名のみとする。

③　同一内容の文書を同種の機関全部に宛てる場合は、「各○○事務所長様」、「各自治会長様」などとする。

〔注〕　受信者名（宛名）に付ける敬称については、95ページを参照のこと。

### ⑷　発信者名（施行者名義）

発信者名は、すなわち、当該文書の施行者の名義ということになります。誤らないよう十分注意しなければなりません。

発信者名については、次のような一般原則があります。

① 発信者名を職名のみとするか、又は職名と氏名を併記するかは当該自治体の取決めによるが、職名と氏名を併記する場合は2行とする。

② 対外文書の発信者名には、原則として当該自治体の長名を用いる。

③ 公印を押す位置は、発信者名の最後の1字に半分くらい掛けて押すのが普通である。

### ⑸　件　名

件名は、文書の内容が一見して理解できるように要領よく簡潔に記載しなければなりません。「○○○○について」と表示するのが通例です。

なお、件名については、次のような一般原則があります。

① 件名の末尾には、括弧書きで、「(通知)」「(照会)」「(回答)」などのような当該文書の性質を表す語を付ける。

② 件名が2行以上にわたるときは、各行の初字をそろえる。

### ⑹　本　文

本文は、その文書の性質、内容に適した表現で、正確に分かりよく書かなければなりません。

本文の表現について注意すべき点は、次のとおりです。

① 時候の挨拶のような前文や儀礼的な末文は、新庁舎落成式のような案内状や委員の委嘱状のようなもののほかは、一般に不要である。「拝啓」などの頭語や「敬具」などの結語についても同様である。

② 文章で書くと煩雑になる場合には、「下記のとおり」として記書きとし、「記」の次に箇条書する。箇条書は、「である」体（常体）の文体で書くのが通例で

あるが、相手に不快感を与えないように注意する。

③　本文の書き出しによく用いられる「このことについて」は、必要なければ用いない方がよい。本文の書き出しは、機械的に慣用句を用いるのではなく、件名と適切に合致するように書くべきである。

〔例〕

| |
|---|
| ○○会議の開催について（通知） |
| このことについて、下記のとおり会議を開催しますので、御出席ください。 |

〔注〕上記の例の「このことについて」は、機械的に用いられているだけで何ら意味をなしていません。したがって、これは削除するか、又は「標記の会議を下記のとおり開催しますので、……」とすべきでしょう。

## ⑺　追　伸

追伸とは、本文で書き漏らしたことや本文とは直接関係ないが念を押しておきたいことなどを書き添えるものです。

## ⑻　同　封

「同封」として特に記載するのは、同封してある帳票や別紙などを封筒の中に取り残すことのないように注意を促すためです。

〔例〕同封　1　　許可書　1通
　　　　　　2　　請求書　1通

### ⑼　担当者名

往復文書では、発信名義者と事務担当者は別人であるのが普通です。

「担当者名」は、受信者が問い合わせたり、連絡したりするのに便利なように入れておくものです。

「担当者名」は、必要に応じて、担当課・係名や電話番号まで添えて記入しておきます。

〔例〕　担当　総務課（研修担当）
　　　　　　　本郷・河内（内線1234）

### ⑽　その他

①　本信・写し送付先

本信・写し送付先は、同じ内容の文書を複数の宛先に出す場合、それぞれの受信者がそのことを知っている方がよいときに、次のように記入します。

「本信送付先：○○○○
　写し送付先：××××」

この記入場所は、左最下行又は左上の余白が一般的です。

②　「以上」

「以上」という語は、「以下余白」という意味で入れた方がよいでしょう。

# 3 主な公文書の例

## (1) 照　会

「照会」とは、行政機関相互の間で、又は行政機関が個人・団体に対して、ある事項を問い合わせることをいいます。照会の文章は、相手方からの回答を求めるものですから、「です・ます」体（敬体）で丁寧に書くべきでしょう。

文書番号
令和○年○月○日

○○市総務部長殿

○○町総務課長

文書の整理・保存等について（照会）

このことについて、当町における制度改善の参考にしたいので、御多忙中恐れ入りますが、貴市の状況を別紙により御回答くださるようお願いします。

なお、参考資料がありましたら、1部御送付くださるよう併せてお願いします。

以　上

### ⑵ 回　答

「回答」とは、照会など相手方の問合せに答えることをいいます。協議依頼、請求等に対する応答も回答として取り扱うのが一般です。

なお、回答文の件名は、原則として照会文の件名を用い、件名の下又は本文に照会文の日付と文書番号を入れます。

文書番号

令和○年○月○日

○○町総務課長殿

○○市総務部長

文書の整理・保存等について（回答）

（対令和○年○月○日○○第○号）

このことについて、別紙（又は下記）のとおり回答します。

なお、当市でも各市町村の現況を知りたいので、統計表等をお取りまとめの際は、1部御送付くださるようお願いします。

以　上

## ⑶　依　頼

「依頼」とは、他の行政機関や個人・団体に対して一定の意思を了解してもらい、相手方の作為又は不作為を促すことをいいます。

したがって、相手の気持ちをよく考え、相手の好意や協力が得られるように表現しなければなりませんが、必要以上の儀礼的な語句は避けるべきでしょう。

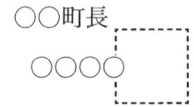

文書番号
令和○年○月○日

○○○○様

○○町長
○○○○

○○町○○委員会委員の委嘱について（依頼）

○○町行政の推進については、平素から格別の御協力を賜り厚くお礼申し上げます。

さて、あなたの○○委員会委員の任期が、令和○年○月○日で満了しますが、引き続き委嘱申し上げたいと思います。御多忙中とは存じますが、御承諾くださるようお願いします。

なお、御承諾の場合は、お手数ながら別紙の承諾書を御送付ください。

以　　上

## ⑷ 通　知

「通知」とは、特定の相手方に対して、一定の事実、処分又は意思を知らせるために発する文書をいいます。

通知には、次のような場合がありますので、それぞれの場合に応じた正確な文書を作成しなければなりません。

① 単に相手方に念のため知らせるという意味で、処分又は法律行為の効果に直接影響のない場合
② 相手方に対する対抗要件である場合
③ 通知が一連の手続の一部として行われる場合
④ 通知により一定の特別の効果が発生する場合
⑤ 処分そのものが通知により行われる場合

文書番号
令和○年○月○日

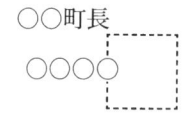

○○○○様

○○町長
○○○○

○○資金の貸付けについて（通知）

令和○年○月○日付けで申請のありました○○資金は、別紙指令書のとおり貸付けが決定しました。○○資金貸付規則及び同運営要項を同封しますので、よくお読みの上、貸付条件を守ってください。

以　上

## ⑸　報　告

「報告」とは、ある事実を特定人又は他の機関に知らせることをいいます。法令又は契約に基づく義務としてなされる場合が一般的です。

なお、報告書を作成する場合は、次のような点に注意すべきでしょう。

①　法令・契約等で報告が義務付けられている場合は、その根拠を明記すること。

②　法令・契約等で報告の様式が定められている場合は、その様式により作成すること。

③　依頼に基づく報告は、依頼文書の日付及び文書番号を明示すること。

〔法令に基づく場合〕

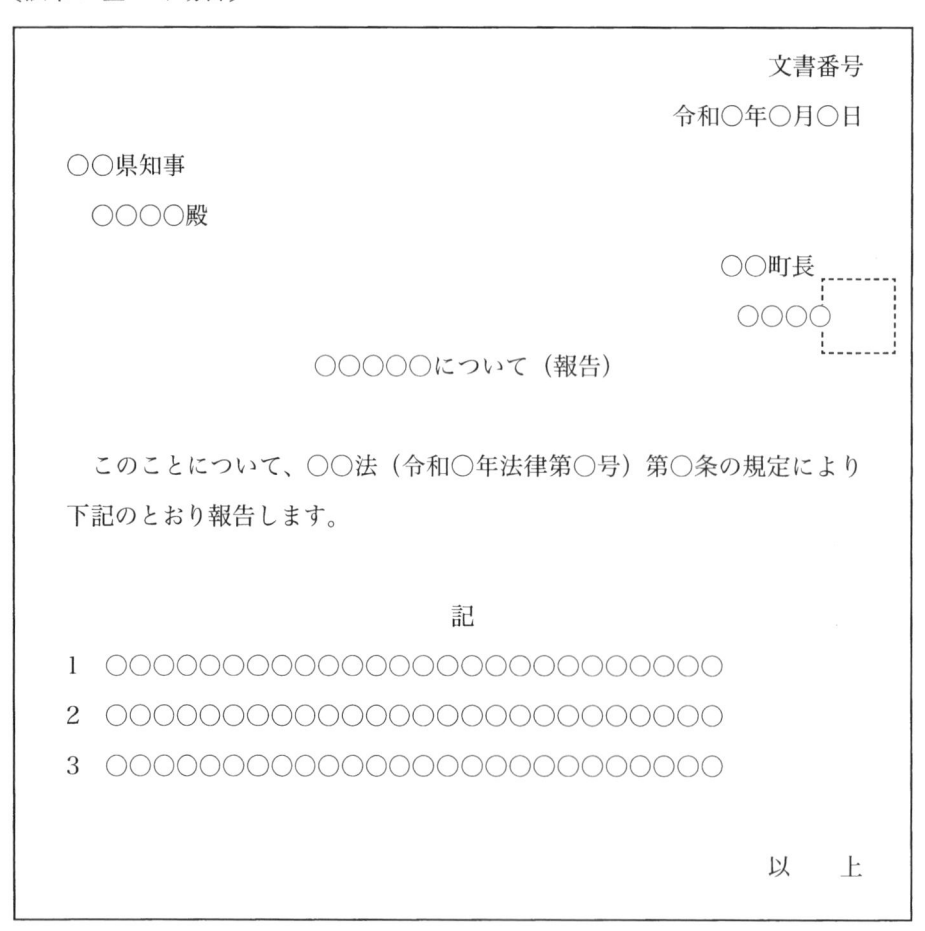

文書番号

令和○年○月○日

○○県知事

○○○○殿

○○町長

○○○○

○○○○○について（報告）

このことについて、○○法（令和○年法律第○号）第○条の規定により下記のとおり報告します。

記

1　○○○○○○○○○○○○○○○○○○○○○○○○○○

2　○○○○○○○○○○○○○○○○○○○○○○○○○○

3　○○○○○○○○○○○○○○○○○○○○○○○○○○

以　　上

〔依頼に基づく場合〕

文書番号

令和○年○月○日

○○県知事

　○○○○殿

○○町長

○○○○

○○○○○○○○○について（報告）

（対令和○年○月○日○○第○号）

さきに依頼のあったこのことについては、下記のとおり報告します。

記

1　○○○○○○○○○○○○○○○○○○○○○○○○○○

2　○○○○○○○○○○○○○○○○○○○○○○○○○○

3　○○○○○○○○○○○○○○○○○○○○○○○○○○

以　　上

## ⑹ 復　命

「復命」とは、職員が上司から会議への出席や特定事項の調査などを命ぜられて公務旅行（出張）をした場合に、その経過、内容及び結果について上司に報告することをいい、そのために作成する文書を「復命書」といいます。

復命書専用の用紙があればそれを用いますが、ない場合は、次のような様式で旅行命令権者宛てに書きます。2人以上の者が同一内容について同時に復命するときは、連名で作成すればよいでしょう。

復　命　書

令和○年○月○日から○日までの○日間、○○県庁において開催された第○回○○会議に出席したところ、その概要は別紙のとおりだったので、報告します。

令和○年○月○日

○○課長殿

主　査（氏　　名）
主　事（氏　　名）
主　事（氏　　名）

## ⑺　進達・副申

「進達」とは、法令等で一定の機関を経由すべき旨規定されている申請書などを、その経由機関から処分権限を持つ上級行政機関に送り届けることをいいます。

その際、経由機関が参考意見を添えて進達することを、特に「副申」といいます。

進達（副申）を作成する場合は、次のような点に注意すべきでしょう。

①　法令等で経由手続が定められている文書は、経由機関に到達した時に、本来の宛先の機関に提出されたのと同様の効力を生じるため、期限の付けられている許認可等の申請については、速やかに進達すること。

②　法令等で経由を義務付けられている機関は、単に移送するだけではなく、内容を審査して受理する義務があること。

〔進　達〕

文書番号

令和○年○月○日

○○県知事

　○○○○殿

○○町長

○○○○

○○○○○について（進達）

　このことについて、○○○○から提出がありましたので、○○法（令和○年法律第○○号）第○条の規定により下記のとおり進達します。

記

1　○○○○○○○○○○○○○○○

2　○○○○○○○○○○○○○○○

以　上

〔副　申〕

文書番号

令和○年○月○日

○○県知事

　○○○○殿

○○町長

○○○○

○○○○○について（副申）

　このことについて、○○○○から提出がありましたので、○○法（令和○年法律第○○号）第○条の規定により下記のとおり意見を添えて進達します。

記

1　○○○○○○○○○○○○○

2　○○○○○○○○○○○○○

以　上

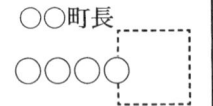

## ⑻ 指　令

「指令」とは、特定の個人又は団体などからの申請・願い出等に対して、行政機関が、法令上の権限に基づき、許可・認可・不許可等の行政処分を行うことをいいます。指令は、申請・願い出等を前提として行政処分を行う場合に発するものである点で、行政機関が一方的に行政処分を行う場合に発する「命令」と異なります。

〔許可、認可等の場合の例〕

○○町指令第○○号

（○○○○○○許可書）

宛先

令和○年○月○日付け（○○第○号）で申請（願い出）の○○○については、○○○○法（令和○○年法律第○○号）第○○条の規定に基づき許可（認可）（○○○）します。（下記の条件を付けて許可（認可）します。）（下記の理由により許可（認可）しません。）（ただし、下記の事項を守らなければなりません。）

令和○年○月○日

○○町長

○○○○

記

1　○○○○○○○○○○○○○○○○○○○○○○○○○○○○○○
2　○○○○○○○○○○○○○○○○○○○○○○○○○○○○○○

以　上

（教示）

1　○○○○○○○○○○○○○○○○○○○○○○○○○○○○○○
2　○○○○○○○○○○○○○○○○○○○○○○○○○○○○○○

指令文による行政処分が、審査請求及び行政訴訟ができるものである場合には、指令文の末尾にその旨を教示しなければなりません。教示せず、又は誤った事項を教示すると違法となります。

## ⑼　通達・依命通達

「通達」とは、一般に指揮監督権に基づいて、上級行政機関が下級行政機関に対し、又は上司が所属職員に対し、職務運営の細目的事項、法令の解釈・運用方針等を指示するものです。

通達は、単なる通知行為である「通知」と異なり、訓令的性質を有するものであって、これを受けた機関又は職員は、その通達によって拘束を受けることになります。

なお、通達のうち、補助機関（副市長・部長等）が長の命を受けて、自己の名で発するものを特に「依命通達」といいます。

〔注〕　通達と訓令の相違点について

①　訓令が職務運営上の基本的事項を内容とするものであるのに対し、通達は主として職務運営上の細目的事項を指示するものです。

②　通達は、訓令のように形式にとらわれず、その都度具体的に、詳細に、また迅速に種々の指示をすることができるという特色があります。

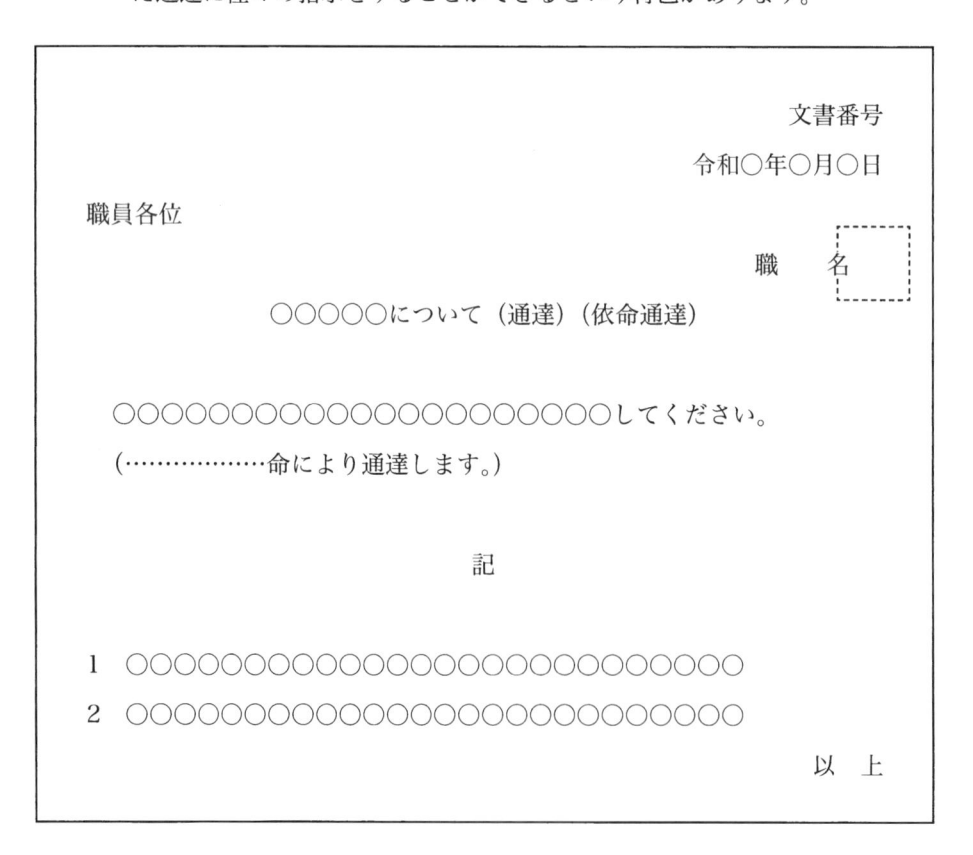

---

文書番号

令和○年○月○日

職員各位

職　　名

○○○○○について（通達）（依命通達）

○○○○○○○○○○○○○○○○○○○○○○○○○してください。

（………………命により通達します。）

記

1　○○○○○○○○○○○○○○○○○○○○○○○○○○○○○○

2　○○○○○○○○○○○○○○○○○○○○○○○○○○○○○○

以　上

---

## ⑽　公　告

「公告」とは、告示とともに、行政機関がある事項を広く公衆に知らせるために出す文書の形式をいいます。公告と告示の違いは、余り明確ではありませんが、一般に、単なる事実行為としての公示を「公告」とし、一定の法律的効果が生ずるような公示を「告示」として使い分けられています。

公　　　告

令和○年○月○日
○○市長　　氏　　名

○○講習会を次のとおり開催しますので、参加してください。

1　日時　令和○年○月○日　午前10時から午後3時まで
2　場所　○○市民センター会議室
3　講師　○○大学教授○○○○先生

以　上

# 参考資料

# ○公用文における漢字使用等について

○内閣訓令第1号

各行政機関

## 公用文における漢字使用等について

政府は、本日、内閣告示第2号をもって、「常用漢字表」を告示した。

今後、各行政機関が作成する公用文における漢字使用等については、別紙によるものとする。

なお、昭和56年内閣訓令第1号は、廃止する。

平成22年11月30日

内閣総理大臣　菅　直人

（別紙）

公用文における漢字使用等について

1　漢字使用について

(1)　公用文における漢字使用は、「常用漢字表」（平成22年内閣告示第2号）の本表及び付表（表の見方及び使い方を含む。）によるものとする。

なお、字体については通用字体を用いるものとする。

(2)「常用漢字表」の本表に掲げる音訓によって語を書き表すに当たっては、次の事項に留意する。

ア　次のような代名詞は、原則として、漢字で書く。

例　俺　彼　誰　何　僕　私　我々

イ　次のような副詞及び連体詞は、原則として、漢字で書く。

例（副詞）

余り　至って　大いに　恐らく　概して　必ず　必ずしも　辛うじて　極めて　殊に　更に　実に　少なくとも　少し　既に　全て　切に　大して　絶えず　互いに　直ちに　例えば　次いで　努めて　常に　特に　突然　初めて　果たして　甚だ　再び　全く　無論　最も　専ら　僅か　割に

（連体詞）

明くる　大きな　来る　去る　小さな　我が（国）

ただし、次のような副詞は、原則として、仮名で書く。

例　かなり　ふと　やはり　よほど

ウ　次の接頭語は、その接頭語が付く語を漢字で書く場合は、原則として、漢字で書き、その接頭語が付く語を仮名で書く場合は、原則として、仮名で書く。

例　御案内（御＋案内）　御挨拶（御＋挨拶）　ごもっとも（ご＋もっとも）

エ　次のような接尾語は、原則として、仮名で書く。

例　げ（惜しげもなく）　ども（私ども）　ぶる（偉ぶる）　み（弱み）　め（少なめ）

オ　次のような接続詞は、原則として、仮名で書く。

例　おって　かつ　したがって　ただし　ついては　ところが　ところで　また　ゆえに

ただし、次の4語は、原則として、漢字で書く。

及び　並びに　又は　若しくは

カ　助動詞及び助詞は、仮名で書く。

例　ない（現地には、行かない。）
ようだ（それ以外に方法がないようだ。）
ぐらい（二十歳ぐらいの人）
だけ（調査しただけである。）
ほど（三日ほど経過した。）

キ　次のような語句を、（　）の中に示した例のように用いるときは、原則として、仮名で書く。

例　ある（その点に問題がある。）
いる（ここに関係者がいる。）
こと（許可しないことがある。）
できる（だれでも利用ができる。）
とおり（次のとおりである。）
とき（事故のときは連絡する。）
ところ（現在のところ差し支えない。）
とも（説明するとともに意見を聞く。）
ない（欠点がない。）
なる（合計すると1万円になる。）
ほか（そのほか…、特別の場合を除くほか…）
もの（正しいものと認める。）
ゆえ（一部の反対のゆえにはかどらない。）
わけ（賛成するわけにはいかない。）
………かもしれない（間違いかもしれない。）
………てあげる（図書を貸してあげる。）
………ていく（負担が増えていく。）
………ていただく（報告していただく。）

………ておく（通知しておく。）
………てください（問題点を話してください。）
………てくる（寒くなってくる。）
………てしまう（書いてしまう。）
………てみる（見てみる。）
………てよい（連絡してよい。）
………にすぎない（調査だけにすぎない。）
………について（これについて考慮する。）

2　送り仮名の付け方について

(1)　公用文における送り仮名の付け方は、原則として、「送り仮名の付け方」（昭和48年内閣告示第2号）の本文の通則1から通則6までの「本則」・「例外」、通則7及び「付表の語」（1のなお書きを除く。）によるものとする。

ただし、複合の語（「送り仮名の付け方」の本文の通則7を適用する語を除く。）のうち、活用のない語であって読み間違えるおそれのない語については、「送り仮名の付け方」の本文の通則6の「許容」を適用して送り仮名を省くものとする。なお、これに該当する語は、次のとおりとする。

明渡し　預り金　言渡し　入替え　植付け　魚釣用具　受入れ　受皿　受持ち　受渡し　渦巻　打合せ　打合せ会　打切り　内払　移替え　埋立て　売上げ　売惜しみ　売出し　売場　売払い　売渡し　売行き　縁組　追越し　置場　贈物　帯留　折詰　買上げ　買入れ　買受け　買換え　買占め　買取り　買戻し　買物　書換え　格付　掛金　貸切り　貸金　貸越し　貸倒れ　貸出し　貸付け　借入れ　借受け　借換え　刈取り　缶切　期限付　切上げ　切替え　切下げ　切捨て　切土　切取り　切離し　靴下留　組合せ　組入れ　組替え　組立て　くみ取便所　繰上げ　繰入れ　繰替え　繰越し　繰下げ　繰延べ　繰戻し　差押え　差止め　差引き　差戻し　砂糖漬　下請　締切り　条件付　仕分　据置き　据付け　捨場　座込み　栓抜　備置き　備付け　染物　田植　立会い　立入り　立替え　立札　月掛　付添い　月払　積卸し　積替え　積込み　積出し　積立て　積付け　釣合い　釣鐘　釣銭　釣針　手続　問合せ　届出　取上げ　取扱い　取卸し　取替え　取決め　取崩し　取消し　取壊し　取下げ　取締り　取調べ　取立て　取次ぎ　取付け　取戻し　投売り　抜取り　飲物　乗換え　乗組み　話合い　払込み　払下げ　払出し　払戻し　払渡し　払渡済み　貼付け　引上げ　引揚げ　引受け　引起し　引換え　引込み　引下げ　引締め　引継ぎ　引取り　引渡し　日雇　歩留り　船着場　不払　賦払　振出し　前払　巻付け　巻取り　見合せ　見積り　見習　未払　申合せ　申

合せ事項　申入れ　申込み　申立て　申出　持家　持込み　持分　元請
戻入れ　催物　盛土　焼付け　雇入れ　雇主　譲受け　譲渡し　呼出し
読替え　割当て　割増し　割戻し

(2)　(1)にかかわらず、必要と認める場合は、「送り仮名の付け方」の本文の通則2、通則4及び通則6（(1)のただし書の適用がある場合を除く。）の「許容」並びに「付表の語」の1のなお書きを適用して差し支えない。

3　その他

(1)　1及び2は、固有名詞を対象とするものではない。

(2)　専門用語又は特殊用語を書き表す場合など、特別な漢字使用等を必要とする場合には、1及び2によらなくてもよい。

(3)　専門用語等で読みにくいと思われるような場合は、必要に応じて、振り仮名を用いる等、適切な配慮をするものとする。

4　法令における取扱い

法令における漢字使用等については、別途、内閣法制局からの通知による。

# ○常用漢字表

○内閣告示第２号

一般の社会生活において現代の国語を書き表すための漢字使用の目安を、次の表のように定める。

なお、昭和56年内閣告示第１号は、廃止する。

平成22年11月30日

内閣総理大臣　菅　直人

## 常用漢字表

前　書　き

1　この表は、法令、公用文書、新聞、雑誌、放送など、一般の社会生活において、現代の国語を書き表す場合の漢字使用の目安を示すものである。

2　この表は、科学、技術、芸術その他の各種専門分野や個々人の表記にまで及ぼそうとするものではない。ただし、専門分野の語であっても、一般の社会生活と密接に関連する語の表記については、この表を参考とすることが望ましい。

3　この表は、都道府県名に用いる漢字及びそれに準じる漢字を除き、固有名詞を対象とするものではない。

4　この表は、過去の著作や文書における漢字使用を否定するものではない。

5　この表の運用に当たっては、個々の事情に応じて適切な考慮を加える余地のあるものである。

表の見方及び使い方（略）

（付）字体についての解説（略）

# 本　表（抄）

## 【あ】

亜　ア
哀　アイ　あわれ　あわれむ
挨　アイ
愛　アイ
曖　アイ
悪　アク　オ　わるい
握　アク　にぎる
圧　アツ
扱　あつかう
宛　あてる
嵐　あらし
安　アン　やすい
案　アン
暗　アン　くらい

## 【い】

以　イ
衣　イ　ころも
位　イ　くらい
囲　イ　かこむ　かこう
医　イ
依　イ　エ
委　イ　ゆだねる
威　イ
為　イ
畏　イ　おそれる
胃　イ
尉　イ
異　イ　こと
移　イ　うつる　うつす
萎　イ　なえる
偉　イ　えらい
椅　イ
彙　イ
意　イ
違　イ　ちがう　ちがえる
維　イ
慰　イ　なぐさめる　なぐさむ
遺　イ　ユイ
緯　イ
域　イキ
育　イク　そだつ　そだてる　はぐくむ
一　イチ　イツ　ひと　ひとつ
壱　イチ
逸　イツ
茨　いばら
芋　いも
引　イン　ひく　ひける
印　イン　しるし
因　イン　よる
咽　イン
姻　イン
員　イン
院　イン
淫　イン　みだら
陰　イン　かげ　かげる
飲　イン　のむ
隠　イン　かくす　かくれる
韻　イン

## 【う】

右　ウ　ユウ　みぎ
宇　ウ
羽　ウ　は　はね
雨　ウ　あめ　あま
唄　うた
鬱　ウツ
畝　うね
浦　うら
運　ウン　はこぶ
雲　ウン　くも

## 【え】

永　エイ　ながい
泳　エイ　およぐ
英　エイ
映　エイ　うつる　うつす　はえる
栄　エイ　さかえる　はえ　はえる
営　エイ　いとなむ
詠　エイ　よむ
影　エイ　かげ
鋭　エイ　するどい
衛　エイ
易　エキ　イ　やさしい
疫　エキ　ヤク
益　エキ　ヤク
液　エキ
駅　エキ

| | |
|---|---|
| 悦 | エツ |
| 越 | エツ こす こえる |
| 謁 | エツ |
| 閲 | エツ |
| 円 | エン まるい |
| 延 | エン のびる のべる のばす |
| 沿 | エン そう |
| 炎 | エン ほのお |
| 怨 | エン オン |
| 宴 | エン |
| 媛 | エン |
| 援 | エン |
| 園 | エン その |
| 煙 | エン けむる けむり けむい |
| 猿 | エン さる |
| 遠 | エン オン とおい |
| 鉛 | エン なまり |
| 塩 | エン しお |
| 演 | エン |
| 縁 | エン ふち |
| 艶 | エン つや |

## 【お】

| | |
|---|---|
| 汚 | オ けがす けがれる けがらわしい よごす よごれる きたない |
| 王 | オウ |
| 凹 | オウ |
| 央 | オウ |
| 応 | オウ こたえる |
| 往 | オウ |
| 押 | オウ おす おさえる |
| 旺 | オウ |
| 欧 | オウ |
| 殴 | オウ なぐる |
| 桜 | オウ さくら |
| 翁 | オウ |
| 奥 | オウ おく |
| 横 | オウ よこ |
| 岡 | おか |
| 屋 | オク や |
| 億 | オク |
| 憶 | オク |
| 臆 | オク |
| 虞 | おそれ |
| 乙 | オツ |
| 俺 | おれ |
| 卸 | おろす おろし |
| 音 | オン イン おと ね |
| 恩 | オン |
| 温 | オン あたたか あたたかい あたたまる あたためる |
| 穏 | オン おだやか |

## 【か】

| | |
|---|---|
| 下 | カ ゲ した しも もと さげる さがる くだる くだす くださる おろす おりる |
| 化 | カ ケ ばける ばかす |
| 火 | カ ひ ほ |
| 加 | カ くわえる くわわる |
| 可 | カ |
| 仮 | カ ケ かり |
| 何 | カ なに なん |
| 花 | カ はな |
| 佳 | カ |
| 価 | カ あたい |
| 果 | カ はたす はてる はて |
| 河 | カ かわ |
| 苛 | カ |
| 科 | カ |
| 架 | カ かける かかる |
| 夏 | カ ゲ なつ |
| 家 | カ ケ いえ や |
| 荷 | カ に |
| 華 | カ ケ はな |
| 菓 | カ |
| 貨 | カ |
| 渦 | カ うず |
| 過 | カ すぎる すごす あやまつ あやまち |
| 嫁 | カ よめ とつぐ |
| 暇 | カ ひま |
| 禍 | カ |
| 靴 | カ くつ |
| 寡 | カ |
| 歌 | カ うた うたう |
| 箇 | カ |
| 稼 | カ かせぐ |
| 課 | カ |
| 蚊 | か |
| 牙 | ガ ゲ きば |
| 瓦 | ガ かわら |
| 我 | ガ われ わ |
| 画 | ガ カク |
| 芽 | ガ め |
| 賀 | ガ |
| 雅 | ガ |
| 餓 | ガ |
| 介 | カイ |
| 回 | カイ エ まわる まわす |

灰　カイ　はい
会　カイ　エ　あう
快　カイ　こころよい
戒　カイ　いましめる
改　カイ　あらためる　あらたまる
怪　カイ　あやしい　あやしむ
拐　カイ
悔　カイ　くいる　くやむ　くやしい
海　カイ　うみ
界　カイ
皆　カイ　みな
械　カイ
絵　カイ　エ
開　カイ　ひらく　ひらける　あく　あける
階　カイ
塊　カイ　かたまり
楷　カイ
解　カイ　ゲ　とく　とかす　とける
潰　カイ　つぶす　つぶれる
壊　カイ　こわす　こわれる
懐　カイ　ふところ　なつかしい　なつかしむ　なつく　なつける
諧　カイ
貝　かい
外　ガイ　ゲ　そと　ほか　はずす　はずれる
劾　ガイ
害　ガイ
崖　ガイ　がけ
涯　ガイ
街　ガイ　カイ　まち
慨　ガイ
蓋　ガイ　ふた
該　ガイ
概　ガイ
骸　ガイ
垣　かき
柿　かき
各　カク　おのおの
角　カク　かど　つの
拡　カク
革　カク　かわ
格　カク　コウ
核　カク
殻　カク　から
郭　カク
覚　カク　おぼえる　さます　さめる
較　カク
隔　カク　へだてる　へだたる
閣　カク
確　カク　たしか　たしかめる
獲　カク　える
嚇　カク
穫　カク
学　ガク　まなぶ
岳　ガク　たけ
楽　ガク　ラク　たのしい　たのしむ
額　ガク　ひたい
顎　ガク　あご
掛　かける　かかる　かかり
潟　かた
括　カツ
活　カツ
喝　カツ
渇　カツ　かわく
割　カツ　わる　わり　われる　さく
葛　カツ　くず
滑　カツ　コツ　すべる　なめらか
褐　カツ
轄　カツ
且　かつ
株　かぶ
釜　かま
鎌　かま
刈　かる
干　カン　ほす　ひる
刊　カン
甘　カン　あまい　あまえる　あまやかす
汗　カン　あせ
缶　カン
完　カン
肝　カン　きも
官　カン
冠　カン　かんむり
巻　カン　まく　まき
看　カン
陥　カン　おちいる　おとしいれる
乾　カン　かわく　かわかす
勘　カン
患　カン　わずらう
貫　カン　つらぬく
寒　カン　さむい
喚　カン
堪　カン　たえる

| | |
|---|---|
| 換 | カン かえる かわる |
| 敢 | カン |
| 棺 | カン |
| 款 | カン |
| 間 | カン ケン あいだ ま |
| 閑 | カン |
| 勧 | カン すすめる |
| 寛 | カン |
| 幹 | カン みき |
| 感 | カン |
| 漢 | カン |
| 慣 | カン なれる ならす |
| 管 | カン くだ |
| 関 | カン せき かかわる |
| 歓 | カン |
| 監 | カン |
| 緩 | カン ゆるい ゆるやか ゆるむ ゆるめる |
| 憾 | カン |
| 還 | カン |
| 館 | カン やかた |
| 環 | カン |
| 簡 | カン |
| 観 | カン |
| 韓 | カン |
| 艦 | カン |
| 鑑 | カン かんがみる |
| 丸 | ガン まる まるい まるめる |
| 含 | ガン ふくむ ふくめる |
| 岸 | ガン きし |
| 岩 | ガン いわ |
| 玩 | ガン |
| 眼 | ガン ゲン まなこ |
| 頑 | ガン |
| 顔 | ガン かお |
| 願 | ガン ねがう |

## 【き】

| | |
|---|---|
| 企 | キ くわだてる |
| 伎 | キ |
| 危 | キ あぶない あやうい あやぶむ |
| 机 | キ つくえ |
| 気 | キ ケ |
| 岐 | キ |
| 希 | キ |
| 忌 | キ いむ いまわしい |
| 汽 | キ |
| 奇 | キ |
| 祈 | キ いのる |
| 季 | キ |
| 紀 | キ |
| 軌 | キ |
| 既 | キ すでに |
| 記 | キ しるす |
| 起 | キ おきる おこる おこす |
| 飢 | キ うえる |
| 鬼 | キ おに |
| 帰 | キ かえる かえす |
| 基 | キ もと もとい |
| 寄 | キ よる よせる |
| 規 | キ |
| 亀 | キ かめ |
| 喜 | キ よろこぶ |
| 幾 | キ いく |
| 揮 | キ |
| 期 | キ ゴ |
| 棋 | キ |
| 貴 | キ たっとい とうとい たっとぶ とうとぶ |
| 棄 | キ |
| 毀 | キ |
| 旗 | キ はた |
| 器 | キ うつわ |
| 畿 | キ |
| 輝 | キ かがやく |
| 機 | キ はた |
| 騎 | キ |
| 技 | ギ わざ |
| 宜 | ギ |
| 偽 | ギ いつわる にせ |
| 欺 | ギ あざむく |
| 義 | ギ |
| 疑 | ギ うたがう |
| 儀 | ギ |
| 戯 | ギ たわむれる |
| 擬 | ギ |
| 犠 | ギ |
| 議 | ギ |
| 菊 | キク |
| 吉 | キチ キツ |
| 喫 | キツ |
| 詰 | キツ つめる つまる つむ |
| 却 | キャク |
| 客 | キャク カク |
| 脚 | キャク キャ あし |
| 逆 | ギャク さか さからう |
| 虐 | ギャク しいたげる |
| 九 | キュウ ク ここの ここのつ |
| 久 | キュウ ク ひさしい |
| 及 | キュウ およぶ および およぼす |

弓　キュウ　ゆみ
丘　キュウ　おか
旧　キュウ
休　キュウ　やすむ　やすまる　やすめる
吸　キュウ　すう
朽　キュウ　くちる
臼　キュウ　うす
求　キュウ　もとめる
究　キュウ　きわめる
泣　キュウ　なく
急　キュウ　いそぐ
級　キュウ
糾　キュウ
宮　キュウ　グウ　ク　みや
救　キュウ　すくう
球　キュウ　たま
給　キュウ
嗅　キュウ　かぐ
窮　キュウ　きわめる　きわまる
牛　ギュウ　うし
去　キョ　コ　さる
巨　キョ
居　キョ　いる
拒　キョ　こばむ
拠　キョ　コ
挙　キョ　あげる　あがる
虚　キョ　コ
許　キョ　ゆるす
距　キョ
魚　ギョ　うお　さかな
御　ギョ　ゴ　おん
漁　ギョ　リョウ
凶　キョウ
共　キョウ　とも
叫　キョウ　さけぶ
狂　キョウ　くるう　くるおしい
京　キョウ　ケイ
享　キョウ
供　キョウ　ク　そなえる　とも
協　キョウ
況　キョウ
峡　キョウ
挟　キョウ　はさむ　はさまる
狭　キョウ　せまい　せばめる　せばまる
恐　キョウ　おそれる　おそろしい
恭　キョウ　うやうやしい
胸　キョウ　むね　むな
脅　キョウ　おびやかす　おどす　おどかす
強　キョウ　ゴウ　つよい　つよまる　つよめる　しいる
教　キョウ　おしえる　おそわる
郷　キョウ　ゴウ
境　キョウ　ケイ　さかい
橋　キョウ　はし
矯　キョウ　ためる
鏡　キョウ　かがみ
競　キョウ　ケイ　きそう　せる
響　キョウ　ひびく
驚　キョウ　おどろく　おどろかす
仰　ギョウ　コウ　あおぐ　おおせ
暁　ギョウ　あかつき
業　ギョウ　ゴウ　わざ
凝　ギョウ　こる　こらす
曲　キョク　まがる　まげる
局　キョク
極　キョク　ゴク　きわめる　きわまる　きわみ
玉　ギョク　たま
巾　キン
斤　キン
均　キン
近　キン　ちかい
金　キン　コン　かね　かな
菌　キン
勤　キン　ゴン　つとめる　つとまる
琴　キン　こと
筋　キン　すじ
僅　キン　わずか
禁　キン
緊　キン
錦　キン　にしき
謹　キン　つつしむ
襟　キン　えり
吟　ギン
銀　ギン

## 【く】

区　ク
句　ク
苦　ク　くるしい　くるしむ　くるしめる　にがい　にがる
駆　ク　かける　かる
具　グ
惧　グ
愚　グ　おろか
空　クウ　そら　あく　あける　から
偶　グウ
遇　グウ

隅　グウ　すみ
串　くし
屈　クツ
掘　クツ　ほる
窟　クツ
熊　くま
繰　くる
君　クン　きみ
訓　クン
勲　クン
薫　クン　かおる
軍　グン
郡　グン
群　グン　むれる　むれ　むら

## 【け】

兄　ケイ　キョウ　あに
刑　ケイ
形　ケイ　ギョウ　かた　かたち
系　ケイ
径　ケイ
茎　ケイ　くき
係　ケイ　かかる　かかり
型　ケイ　かた
契　ケイ　ちぎる
計　ケイ　はかる　はからう
恵　ケイ　エ　めぐむ
啓　ケイ
掲　ケイ　かかげる
渓　ケイ
経　ケイ　キョウ　へる
蛍　ケイ　ほたる
敬　ケイ　うやまう
景　ケイ
軽　ケイ　かるい　かろやか
傾　ケイ　かたむく　かたむける
携　ケイ　たずさえる　たずさわる
継　ケイ　つぐ
詣　ケイ　もうでる
慶　ケイ
憬　ケイ
稽　ケイ
憩　ケイ　いこい　いこう
警　ケイ
鶏　ケイ　にわとり
芸　ゲイ
迎　ゲイ　むかえる
鯨　ゲイ　くじら
隙　ゲキ　すき
劇　ゲキ
撃　ゲキ　うつ
激　ゲキ　はげしい
桁　けた
欠　ケツ　かける　かく
穴　ケツ　あな
血　ケツ　ち
決　ケツ　きめる　きまる
結　ケツ　むすぶ　ゆう　ゆわえる
傑　ケツ
潔　ケツ　いさぎよい
月　ゲツ　ガツ　つき
犬　ケン　いぬ
件　ケン
見　ケン　みる　みえる　みせる
券　ケン
肩　ケン　かた
建　ケン　コン　たてる　たつ
研　ケン　とぐ
県　ケン
倹　ケン
兼　ケン　かねる
剣　ケン　つるぎ
拳　ケン　こぶし
軒　ケン　のき
健　ケン　すこやか
険　ケン　けわしい
圏　ケン
堅　ケン　かたい
検　ケン
嫌　ケン　ゲン　きらう　いや
献　ケン　コン
絹　ケン　きぬ
遣　ケン　つかう　つかわす
権　ケン　ゴン
憲　ケン
賢　ケン　かしこい
謙　ケン
鍵　ケン　かぎ
繭　ケン　まゆ
顕　ケン
験　ケン　ゲン
懸　ケン　ケ　かける　かかる
元　ゲン　ガン　もと
幻　ゲン　まぼろし
玄　ゲン
言　ゲン　ゴン　いう　こと
弦　ゲン　つる
限　ゲン　かぎる
原　ゲン　はら

現　ゲン　あらわれる　あらわす

舷　ゲン

減　ゲン　へる　へらす

源　ゲン　みなもと

厳　ゲン　ゴン　おごそか　きびしい

## 【こ】

己　コ　キ　おのれ

戸　コ　と

古　コ　ふるい　ふるす

呼　コ　よぶ

固　コ　かためる　かたまる　かたい

股　コ　また

虎　コ　とら

孤　コ

弧　コ

故　コ　ゆえ

枯　コ　かれる　からす

個　コ

庫　コ　ク

湖　コ　みずうみ

雇　コ　やとう

誇　コ　ほこる

鼓　コ　つづみ

錮　コ

顧　コ　かえりみる

五　ゴ　いつ　いつつ

互　ゴ　たがい

午　ゴ

呉　ゴ

後　ゴ　コウ　のち　うしろ　あと　おくれる

娯　ゴ

悟　ゴ　さとる

碁　ゴ

語　ゴ　かたる　かたらう

誤　ゴ　あやまる

護　ゴ

口　コウ　ク　くち

工　コウ　ク

公　コウ　おおやけ

勾　コウ

孔　コウ

功　コウ　ク

巧　コウ　たくみ

広　コウ　ひろい　ひろまる　ひろめる　ひろがる　ひろげる

甲　コウ　カン

交　コウ　まじわる　まじえる　まじる　まざる　まぜる　かう　かわす

光　コウ　ひかる　ひかり

向　コウ　むく　むける　むかう　むこう

后　コウ

好　コウ　このむ　すく

江　コウ　え

考　コウ　かんがえる

行　コウ　ギョウ　アン　いく　ゆく　おこなう

坑　コウ

孝　コウ

抗　コウ

攻　コウ　せめる

更　コウ　さら　ふける　ふかす

効　コウ　きく

幸　コウ　さいわい　さち　しあわせ

拘　コウ

肯　コウ

侯　コウ

厚　コウ　あつい

恒　コウ

洪　コウ

皇　コウ　オウ

紅　コウ　ク　べに　くれない

荒　コウ　あらい　あれる　あらす

郊　コウ

香　コウ　キョウ　か　かおり　かおる

候　コウ　そうろう

校　コウ

耕　コウ　たがやす

航　コウ

貢　コウ　ク　みつぐ

降　コウ　おりる　おろす　ふる

高　コウ　たかい　たか　たかまる　たかめる

康　コウ

控　コウ　ひかえる

梗　コウ

黄　コウ　オウ　き　こ

喉　コウ　のど

慌　コウ　あわてる　あわただしい

港　コウ　みなと

硬　コウ　かたい

絞　コウ　しぼる　しめる　しまる

項　コウ

溝　コウ　みぞ

鉱　コウ

構　コウ　かまえる　かまう

綱　コウ　つな

| | |
|---|---|
| 酵 | コウ |
| 稿 | コウ |
| 興 | コウ キョウ おこる おこす |
| 衡 | コウ |
| 鋼 | コウ はがね |
| 講 | コウ |
| 購 | コウ |
| 乞 | こう |
| 号 | ゴウ |
| 合 | ゴウ ガッ カッ あう あわす あわせる |
| 拷 | ゴウ |
| 剛 | ゴウ |
| 傲 | ゴウ |
| 豪 | ゴウ |
| 克 | コク |
| 告 | コク つげる |
| 谷 | コク たに |
| 刻 | コク きざむ |
| 国 | コク くに |
| 黒 | コク くろ くろい |
| 穀 | コク |
| 酷 | コク |
| 獄 | ゴク |
| 骨 | コツ ほね |
| 駒 | こま |
| 込 | こむ こめる |
| 頃 | ころ |
| 今 | コン キン いま |
| 困 | コン こまる |
| 昆 | コン |
| 恨 | コン うらむ うらめしい |
| 根 | コン ね |
| 婚 | コン |
| 混 | コン まじる まざる まぜる こむ |
| 痕 | コン あと |
| 紺 | コン |
| 魂 | コン たましい |
| 墾 | コン |
| 懇 | コン ねんごろ |

## 【さ】

| | |
|---|---|
| 左 | サ ひだり |
| 佐 | サ |
| 沙 | サ |
| 査 | サ |
| 砂 | サ シャ すな |
| 唆 | サ そそのかす |
| 差 | サ さす |
| 詐 | サ |
| 鎖 | サ くさり |
| 座 | ザ すわる |
| 挫 | ザ |
| 才 | サイ |
| 再 | サイ サ ふたたび |
| 災 | サイ わざわい |
| 妻 | サイ つま |
| 采 | サイ |
| 砕 | サイ くだく くだける |
| 宰 | サイ |
| 栽 | サイ |
| 彩 | サイ いろどる |
| 採 | サイ とる |
| 済 | サイ すむ すます |
| 祭 | サイ まつる まつり |
| 斎 | サイ |
| 細 | サイ ほそい ほそる こまか こまかい |
| 菜 | サイ な |
| 最 | サイ もっとも |
| 裁 | サイ たつ さばく |
| 債 | サイ |
| 催 | サイ もよおす |
| 塞 | サイ ソク ふさぐ ふさがる |
| 歳 | サイ セイ |
| 載 | サイ のせる のる |
| 際 | サイ きわ |
| 埼 | さい |
| 在 | ザイ ある |
| 材 | ザイ |
| 剤 | ザイ |
| 財 | ザイ サイ |
| 罪 | ザイ つみ |
| 崎 | さき |
| 作 | サク サ つくる |
| 削 | サク けずる |
| 昨 | サク |
| 柵 | サク |
| 索 | サク |
| 策 | サク |
| 酢 | サク す |
| 搾 | サク しぼる |
| 錯 | サク |
| 咲 | さく |
| 冊 | サツ サク |
| 札 | サツ ふだ |
| 刷 | サツ する |
| 刹 | サツ セツ |
| 拶 | サツ |

殺　サツ　サイ　セツ　ころす
察　サツ
撮　サツ　とる
擦　サツ　する　すれる
雑　ザツ　ゾウ
皿　さら
三　サン　み　みつ　みっつ
山　サン　やま
参　サン　まいる
桟　サン
蚕　サン　かいこ
惨　サン　ザン　みじめ
産　サン　うむ　うまれる　うぶ
傘　サン　かさ
散　サン　ちる　ちらす　ちらかす　ちらかる
算　サン
酸　サン　すい
賛　サン
残　ザン　のこる　のこす
斬　ザン　きる
暫　ザン

## 【し】

士　シ
子　シ　ス　こ
支　シ　ささえる
止　シ　とまる　とめる
氏　シ　うじ
仕　シ　ジ　つかえる
史　シ
司　シ
四　シ　よ　よつ　よっつ　よん
市　シ　いち
矢　シ　や
旨　シ　むね
死　シ　しぬ
糸　シ　いと
至　シ　いたる
伺　シ　うかがう
志　シ　こころざす　こころざし
私　シ　わたくし　わたし
使　シ　つかう
刺　シ　さす　さされる
始　シ　はじめる　はじまる
姉　シ　あね
枝　シ　えだ
祉　シ
肢　シ
姿　シ　すがた
思　シ　おもう
指　シ　ゆび　さす
施　シ　セ　ほどこす
師　シ
恣　シ
紙　シ　かみ
脂　シ　あぶら
視　シ
紫　シ　むらさき
詞　シ
歯　シ　は
嗣　シ
試　シ　こころみる　ためす
詩　シ
資　シ
飼　シ　かう
誌　シ
雌　シ　め　めす
摯　シ
賜　シ　たまわる
諮　シ　はかる
示　ジ　シ　しめす
字　ジ　あざ
寺　ジ　てら
次　ジ　シ　つぐ　つぎ
耳　ジ　みみ
自　ジ　シ　みずから
似　ジ　にる
児　ジ　ニ
事　ジ　ズ　こと
侍　ジ　さむらい
治　ジ　チ　おさめる　おさまる　なおる　なおす
持　ジ　もつ
時　ジ　とき
滋　ジ
慈　ジ　いつくしむ
辞　ジ　やめる
磁　ジ
餌［餌］　ジ　えさ　え
璽　ジ
鹿　しか　か
式　シキ
識　シキ
軸　ジク
七　シチ　なな　ななつ　なの
叱　シツ　しかる
失　シツ　うしなう

| | |
|---|---|
| 室 | シツ<br>むろ |
| 疾 | シツ |
| 執 | シツ<br>シュウ<br>とる |
| 湿 | シツ<br>しめる<br>しめす |
| 嫉 | シツ |
| 漆 | シツ<br>うるし |
| 質 | シツ<br>シチ<br>チ |
| 実 | ジツ<br>み<br>みのる |
| 芝 | しば |
| 写 | シャ<br>うつす<br>うつる |
| 社 | シャ<br>やしろ |
| 車 | シャ<br>くるま |
| 舎 | シャ |
| 者 | シャ<br>もの |
| 射 | シャ<br>いる |
| 捨 | シャ<br>すてる |
| 赦 | シャ |
| 斜 | シャ<br>ななめ |
| 煮 | シャ<br>にる<br>にえる<br>にやす |
| 遮 | シャ<br>さえぎる |
| 謝 | シャ<br>あやまる |
| 邪 | ジャ |
| 蛇 | ジャ<br>ダ<br>へび |
| 尺 | シャク |
| 借 | シャク<br>かりる |
| 酌 | シャク<br>くむ |
| 釈 | シャク |
| 爵 | シャク |
| 若 | ジャク<br>ニャク<br>わかい<br>もしくは |
| 弱 | ジャク<br>よわい<br>よわる<br>よわまる<br>よわめる |
| 寂 | ジャク<br>セキ<br>さび<br>さびしい<br>さびれる |
| 手 | シュ<br>て<br>た |
| 主 | シュ<br>ス<br>ぬし<br>おも |
| 守 | シュ<br>ス<br>まもる<br>もり |
| 朱 | シュ |
| 取 | シュ<br>とる |
| 狩 | シュ<br>かる<br>かり |
| 首 | シュ<br>くび |
| 殊 | シュ<br>こと |
| 珠 | シュ |
| 酒 | シュ<br>さけ<br>さか |
| 腫 | シュ<br>はれる<br>はらす |
| 種 | シュ<br>たね |
| 趣 | シュ<br>おもむき |
| 寿 | ジュ<br>ことぶき |
| 受 | ジュ<br>うける<br>うかる |
| 呪 | ジュ<br>のろう |
| 授 | ジュ<br>さずける<br>さずかる |
| 需 | ジュ |
| 儒 | ジュ |
| 樹 | ジュ |
| 収 | シュウ<br>おさめる<br>おさまる |
| 囚 | シュウ |
| 州 | シュウ<br>す |
| 舟 | シュウ<br>ふね<br>ふな |
| 秀 | シュウ<br>ひいでる |
| 周 | シュウ<br>まわり |
| 宗 | シュウ<br>ソウ |
| 拾 | シュウ<br>ジュウ<br>ひろう |
| 秋 | シュウ<br>あき |
| 臭 | シュウ<br>くさい<br>におう |
| 修 | シュウ<br>シュ<br>おさめる<br>おさまる |
| 袖 | シュウ<br>そで |
| 終 | シュウ<br>おわる<br>おえる |
| 羞 | シュウ |
| 習 | シュウ<br>ならう |
| 週 | シュウ |
| 就 | シュウ<br>ジュ<br>つく<br>つける |
| 衆 | シュウ<br>シュ |
| 集 | シュウ<br>あつまる<br>あつめる<br>つどう |
| 愁 | シュウ<br>うれえる<br>うれい |
| 酬 | シュウ |
| 醜 | シュウ<br>みにくい |
| 蹴 | シュウ<br>ける |
| 襲 | シュウ<br>おそう |
| 十 | ジュウ<br>ジッ<br>とお<br>と |
| 汁 | ジュウ<br>しる |
| 充 | ジュウ<br>あてる |
| 住 | ジュウ<br>すむ<br>すまう |
| 柔 | ジュウ<br>ニュウ<br>やわらか<br>やわらかい |
| 重 | ジュウ<br>チョウ<br>え<br>おもい<br>かさねる<br>かさなる |
| 従 | ジュウ<br>ショウ<br>ジュ<br>したがう<br>したがえる |
| 渋 | ジュウ<br>しぶ<br>しぶい<br>しぶる |
| 銃 | ジュウ |
| 獣 | ジュウ<br>けもの |
| 縦 | ジュウ<br>たて |
| 叔 | シュク |
| 祝 | シュク<br>シュウ<br>いわう |
| 宿 | シュク<br>やど<br>やどる<br>やどす |
| 淑 | シュク |
| 粛 | シュク |
| 縮 | シュク<br>ちぢむ<br>ちぢまる<br>ちぢめる<br>ちぢれる<br>ちぢらす |
| 塾 | ジュク |
| 熟 | ジュク<br>うれる |

| | |
|---|---|
| 出 | シュツ スイ でる だす |
| 述 | ジュツ のべる |
| 術 | ジュツ |
| 俊 | シュン |
| 春 | シュン はる |
| 瞬 | シュン またたく |
| 旬 | ジュン シュン |
| 巡 | ジュン めぐる |
| 盾 | ジュン たて |
| 准 | ジュン |
| 殉 | ジュン |
| 純 | ジュン |
| 循 | ジュン |
| 順 | ジュン |
| 準 | ジュン |
| 潤 | ジュン うるおう うるおす うるむ |
| 遵 | ジュン |
| 処 | ショ |
| 初 | ショ はじめ はじめて はつ うい そめる |
| 所 | ショ ところ |
| 書 | ショ かく |
| 庶 | ショ |
| 暑 | ショ あつい |
| 署 | ショ |
| 緒 | ショ チョ お |
| 諸 | ショ |
| 女 | ジョ ニョ ニョウ おんな め |
| 如 | ジョ ニョ |
| 助 | ジョ たすける たすかる すけ |
| 序 | ジョ |
| 叙 | ジョ |
| 徐 | ジョ |
| 除 | ジョ ジ のぞく |
| 小 | ショウ ちいさい こ お |
| 升 | ショウ ます |
| 少 | ショウ すくない すこし |
| 召 | ショウ めす |
| 匠 | ショウ |
| 床 | ショウ とこ ゆか |
| 抄 | ショウ |
| 肖 | ショウ |
| 尚 | ショウ |
| 招 | ショウ まねく |
| 承 | ショウ うけたまわる |
| 昇 | ショウ のぼる |
| 松 | ショウ まつ |
| 沼 | ショウ ぬま |
| 昭 | ショウ |
| 宵 | ショウ よい |
| 将 | ショウ |
| 消 | ショウ きえる けす |
| 症 | ショウ |
| 祥 | ショウ |
| 称 | ショウ |
| 笑 | ショウ わらう えむ |
| 唱 | ショウ となえる |
| 商 | ショウ あきなう |
| 渉 | ショウ |
| 章 | ショウ |
| 紹 | ショウ |
| 訟 | ショウ |
| 勝 | ショウ かつ まさる |
| 掌 | ショウ |
| 晶 | ショウ |
| 焼 | ショウ やく やける |
| 焦 | ショウ こげる こがす こがれる あせる |
| 硝 | ショウ |
| 粧 | ショウ |
| 詔 | ショウ みことのり |
| 証 | ショウ |
| 象 | ショウ ゾウ |
| 傷 | ショウ きず いたむ いためる |
| 奨 | ショウ |
| 照 | ショウ てる てらす てれる |
| 詳 | ショウ くわしい |
| 彰 | ショウ |
| 障 | ショウ さわる |
| 憧 | ショウ あこがれる |
| 衝 | ショウ |
| 賞 | ショウ |
| 償 | ショウ つぐなう |
| 礁 | ショウ |
| 鐘 | ショウ かね |
| 上 | ジョウ ショウ うえ うわ かみ あげる あがる のぼる のぼせる のぼす |
| 丈 | ジョウ たけ |
| 冗 | ジョウ |
| 条 | ジョウ |
| 状 | ジョウ |
| 乗 | ジョウ のる のせる |
| 城 | ジョウ しろ |
| 浄 | ジョウ |
| 剰 | ジョウ |
| 常 | ジョウ つね とこ |
| 情 | ジョウ セイ なさけ |
| 場 | ジョウ ば |

畳 ジョウ たたむ たたみ
蒸 ジョウ むす むれる むらす
縄 ジョウ なわ
壌 ジョウ
嬢 ジョウ
錠 ジョウ
譲 ジョウ ゆずる
醸 ジョウ かもす
色 ショク シキ いろ
拭 ショク ふく ぬぐう
食 ショク ジキ くう くらう たべる
植 ショク うえる うわる
殖 ショク ふえる ふやす
飾 ショク かざる
触 ショク ふれる さわる
嘱 ショク
織 ショク シキ おる
職 ショク
辱 ジョク はずかしめる
尻 しり
心 シン こころ
申 シン もうす
伸 シン のびる のばす のべる
臣 シン ジン
芯 シン
身 シン み
辛 シン からい
侵 シン おかす
信 シン
津 シン つ
神 シン ジン かみ かん こう
唇 シン くちびる
娠 シン
振 シン ふる ふるう ふれる
浸 シン ひたす ひたる
真 シン ま
針 シン はり
深 シン ふかい ふかまる ふかめる
紳 シン
進 シン すすむ すすめる
森 シン もり
診 シン みる
寝 シン ねる ねかす
慎 シン つつしむ
新 シン あたらしい あらた にい
審 シン
震 シン ふるう ふるえる
薪 シン たきぎ
親 シン おや したしい したしむ
人 ジン ニン ひと
刃 ジン は
仁 ジン ニ
尽 ジン つくす つきる つかす
迅 ジン
甚 ジン はなはだ はなはだしい
陣 ジン
尋 ジン たずねる
腎 ジン

## 【す】

須 ス
図 ズ ト はかる
水 スイ みず
吹 スイ ふく
垂 スイ たれる たらす
炊 スイ たく
帥 スイ
粋 スイ いき
衰 スイ おとろえる
推 スイ おす
酔 スイ よう
遂 スイ とげる
睡 スイ
穂 スイ ほ
随 ズイ
髄 ズイ
枢 スウ
崇 スウ
数 スウ ス かず かぞえる
据 すえる すわる
杉 すぎ
裾 すそ
寸 スン

## 【せ】

瀬 せ
是 ゼ
井 セイ ショウ い
世 セイ セ よ
正 セイ ショウ ただしい ただす まさ
生 セイ ショウ いきる いかす いける うまれる うむ おう はえる はやす き なま
成 セイ ジョウ なる なす
西 セイ サイ にし
声 セイ ショウ こえ こわ

| | |
|---|---|
| 制 | セイ |
| 姓 | セイ ショウ |
| 征 | セイ |
| 性 | セイ ショウ |
| 青 | セイ ショウ あお あおい |
| 斉 | セイ |
| 政 | セイ ショウ まつりごと |
| 星 | セイ ショウ ほし |
| 牲 | セイ |
| 省 | セイ ショウ かえりみる はぶく |
| 凄 | セイ |
| 逝 | セイ ゆく いく |
| 清 | セイ ショウ きよい きよまる きよめる |
| 盛 | セイ ジョウ もる さかる さかん |
| 婿 | セイ むこ |
| 晴 | セイ はれる はらす |
| 勢 | セイ いきおい |
| 聖 | セイ |
| 誠 | セイ まこと |
| 精 | セイ ショウ |
| 製 | セイ |
| 誓 | セイ ちかう |
| 静 | セイ ジョウ しず しずか しずまる しずめる |
| 請 | セイ シン こう うける |
| 整 | セイ ととのえる ととのう |
| 醒 | セイ |
| 税 | ゼイ |
| 夕 | セキ ゆう |
| 斥 | セキ |
| 石 | セキ シャク コク いし |
| 赤 | セキ シャク あか あかい あからむ あからめる |
| 昔 | セキ シャク むかし |
| 析 | セキ |
| 席 | セキ |
| 脊 | セキ |
| 隻 | セキ |
| 惜 | セキ おしい おしむ |
| 戚 | セキ |
| 責 | セキ せめる |
| 跡 | セキ あと |
| 積 | セキ つむ つもる |
| 績 | セキ |
| 籍 | セキ |
| 切 | セツ サイ きる きれる |
| 折 | セツ おる おり おれる |
| 拙 | セツ つたない |
| 窃 | セツ |
| 接 | セツ つぐ |
| 設 | セツ もうける |
| 雪 | セツ ゆき |
| 摂 | セツ |
| 節 | セツ セチ ふし |
| 説 | セツ ゼイ とく |
| 舌 | ゼツ した |
| 絶 | ゼツ たえる たやす たつ |
| 千 | セン ち |
| 川 | セン かわ |
| 仙 | セン |
| 占 | セン しめる うらなう |
| 先 | セン さき |
| 宣 | セン |
| 専 | セン もっぱら |
| 泉 | セン いずみ |
| 浅 | セン あさい |
| 洗 | セン あらう |
| 染 | セン そめる そまる しみる しみ |
| 扇 | セン おうぎ |
| 栓 | セン |
| 旋 | セン |
| 船 | セン ふね ふな |
| 戦 | セン いくさ たたかう |
| 煎 | セン いる |
| 羨 | セン うらやむ うらやましい |
| 腺 | セン |
| 詮 | セン |
| 践 | セン |
| 箋 | セン |
| 銭 | セン ぜに |
| 潜 | セン ひそむ もぐる |
| 線 | セン |
| 遷 | セン |
| 選 | セン えらぶ |
| 薦 | セン すすめる |
| 繊 | セン |
| 鮮 | セン あざやか |
| 全 | ゼン まったく すべて |
| 前 | ゼン まえ |
| 善 | ゼン よい |
| 然 | ゼン ネン |
| 禅 | ゼン |
| 漸 | ゼン |
| 膳 | ゼン |
| 繕 | ゼン つくろう |

## 【そ】

| | |
|---|---|
| 狙 | ソ<br>ねらう |
| 阻 | ソ<br>はばむ |
| 祖 | ソ |
| 租 | ソ |
| 素 | ソ<br>ス |
| 措 | ソ |
| 粗 | ソ<br>あらい |
| 組 | ソ<br>くむ<br>くみ |
| 疎 | ソ<br>うとい<br>うとむ |
| 訴 | ソ<br>うったえる |
| 塑 | ソ |
| 遡［遡］ | ソ<br>さかのぼる |
| 礎 | ソ<br>いしずえ |
| 双 | ソウ<br>ふた |
| 壮 | ソウ |
| 早 | ソウ<br>サッ<br>はやい<br>はやまる<br>はやめる |
| 争 | ソウ<br>あらそう |
| 走 | ソウ<br>はしる |
| 奏 | ソウ<br>かなでる |
| 相 | ソウ<br>ショウ<br>あい |
| 荘 | ソウ |
| 草 | ソウ<br>くさ |
| 送 | ソウ<br>おくる |
| 倉 | ソウ<br>くら |
| 捜 | ソウ<br>さがす |
| 挿 | ソウ<br>さす |
| 桑 | ソウ<br>くわ |
| 巣 | ソウ<br>す |
| 掃 | ソウ<br>はく |
| 曹 | ソウ |
| 曽 | ソウ<br>ゾ |
| 爽 | ソウ<br>さわやか |
| 窓 | ソウ<br>まど |
| 創 | ソウ<br>つくる |
| 喪 | ソウ<br>も |
| 痩 | ソウ<br>やせる |
| 葬 | ソウ<br>ほうむる |
| 装 | ソウ<br>ショウ<br>よそおう |
| 僧 | ソウ |
| 想 | ソウ<br>ソ |
| 層 | ソウ |
| 総 | ソウ |
| 遭 | ソウ<br>あう |
| 槽 | ソウ |
| 踪 | ソウ |
| 操 | ソウ<br>みさお<br>あやつる |
| 燥 | ソウ |
| 霜 | ソウ<br>しも |
| 騒 | ソウ<br>さわぐ |
| 藻 | ソウ<br>も |
| 造 | ゾウ<br>つくる |
| 像 | ゾウ |
| 増 | ゾウ<br>ます<br>ふえる<br>ふやす |
| 憎 | ゾウ<br>にくむ<br>にくい<br>にくらしい<br>にくしみ |
| 蔵 | ゾウ<br>くら |
| 贈 | ゾウ<br>ソウ<br>おくる |
| 臓 | ゾウ |
| 即 | ソク |
| 束 | ソク<br>たば |
| 足 | ソク<br>あし<br>たりる<br>たる<br>たす |
| 促 | ソク<br>うながす |
| 則 | ソク |
| 息 | ソク<br>いき |
| 捉 | ソク<br>とらえる |
| 速 | ソク<br>はやい<br>はやめる<br>はやまる<br>すみやか |
| 側 | ソク<br>がわ |
| 測 | ソク<br>はかる |
| 俗 | ゾク |
| 族 | ゾク |
| 属 | ゾク |
| 賊 | ゾク |
| 続 | ゾク<br>つづく<br>つづける |
| 卒 | ソツ |
| 率 | ソツ<br>リツ<br>ひきいる |
| 存 | ソン<br>ゾン |
| 村 | ソン<br>むら |
| 孫 | ソン<br>まご |
| 尊 | ソン<br>たっとい<br>とうとい<br>たっとぶ<br>とうとぶ |
| 損 | ソン<br>そこなう<br>そこねる |
| 遜［遜］ | ソン |

## 【た】

| | |
|---|---|
| 他 | タ<br>ほか |
| 多 | タ<br>おおい |
| 汰 | タ |
| 打 | ダ<br>うつ |
| 妥 | ダ |
| 唾 | ダ<br>つば |
| 堕 | ダ |
| 惰 | ダ |
| 駄 | ダ |
| 太 | タイ<br>タ<br>ふとい<br>ふとる |
| 対 | タイ<br>ツイ |

体　タイ　テイ　からだ
耐　タイ　たえる
待　タイ　まつ
怠　タイ　おこたる　なまける
胎　タイ
退　タイ　しりぞく　しりぞける
帯　タイ　おびる　おび
泰　タイ
堆　タイ
袋　タイ　ふくろ
逮　タイ
替　タイ　かえる　かわる
貸　タイ　かす
隊　タイ
滞　タイ　とどこおる
態　タイ
戴　タイ
大　ダイ　タイ　おお　おおきい　おおいに

代　ダイ　タイ　かわる　かえる　よ　しろ
台　ダイ　タイ
第　ダイ
題　ダイ
滝　たき
宅　タク
択　タク
沢　タク　さわ
卓　タク
拓　タク
託　タク
濯　タク
諾　ダク
濁　ダク　にごる　にごす
但　ただし
達　タツ
脱　ダツ　ぬぐ　ぬげる
奪　ダツ　うばう
棚　たな

誰　だれ
丹　タン
旦　タン　ダン
担　タン　かつぐ　になう
単　タン
炭　タン　すみ
胆　タン
探　タン　さぐる　さがす
淡　タン　あわい
短　タン　みじかい
嘆　タン　なげく　なげかわしい
端　タン　はし　は　はた
綻　タン　ほころびる
誕　タン
鍛　タン　きたえる
団　ダン　トン
男　ダン　ナン　おとこ
段　ダン
断　ダン　たつ　ことわる
弾　ダン　ひく　はずむ　たま

暖　ダン　あたたか　あたたかい　あたたまる　あたためる
談　ダン
壇　ダン　タン

## 【ち】

地　チ　ジ
池　チ　いけ
知　チ　しる
値　チ　ね　あたい
恥　チ　はじる　はじ　はじらう　はずかしい
致　チ　いたす
遅　チ　おくれる　おくらす　おそい
痴　チ
稚　チ
置　チ　おく
緻　チ
竹　チク　たけ
畜　チク

逐　チク
蓄　チク　たくわえる
築　チク　きずく
秩　チツ
窒　チツ
茶　チャ　サ
着　チャク　ジャク　きる　きせる　つく　つける
嫡　チャク
中　チュウ　ジュウ　なか
仲　チュウ　なか
虫　チュウ　むし
沖　チュウ　おき
宙　チュウ
忠　チュウ
抽　チュウ
注　チュウ　そそぐ
昼　チュウ　ひる
柱　チュウ　はしら
衷　チュウ

酎 チュウ
鋳 チュウ いる
駐 チュウ
著 チョ あらわす いちじるしい
貯 チョ
丁 チョウ テイ
弔 チョウ とむらう
庁 チョウ
兆 チョウ きざす きざし
町 チョウ まち
長 チョウ ながい
挑 チョウ いどむ
帳 チョウ
張 チョウ はる
彫 チョウ ほる
眺 チョウ ながめる
釣 チョウ つる
頂 チョウ いただく いただき
鳥 チョウ とり
朝 チョウ あさ
貼 チョウ はる
超 チョウ こえる こす
腸 チョウ
跳 チョウ はねる とぶ
徴 チョウ
嘲 チョウ あざける
潮 チョウ しお
澄 チョウ すむ すます
調 チョウ しらべる ととのう ととのえる
聴 チョウ きく
懲 チョウ こりる こらす こらしめる
直 チョク ジキ ただちに なおす なおる
勅 チョク
捗 チョク
沈 チン しずむ しずめる
珍 チン めずらしい
朕 チン
陳 チン
賃 チン
鎮 チン しずめる しずまる

## 【つ】

追 ツイ おう
椎 ツイ
墜 ツイ
通 ツウ ツ とおる とおす かよう
痛 ツウ いたい いたむ いためる
塚 つか
漬 つける つかる
坪 つぼ
爪 つめ つま
鶴 つる

## 【て】

低 テイ ひくい ひくめる ひくまる
呈 テイ
廷 テイ
弟 テイ ダイ デ おとうと
定 テイ ジョウ さだめる さだまる さだか
底 テイ そこ
抵 テイ
邸 テイ
亭 テイ
貞 テイ
帝 テイ
訂 テイ
庭 テイ にわ
逓 テイ
停 テイ
偵 テイ
堤 テイ つつみ
提 テイ さげる
程 テイ ほど
艇 テイ
締 テイ しまる しめる
諦 テイ あきらめる
泥 デイ どろ
的 テキ まと
笛 テキ ふえ
摘 テキ つむ
滴 テキ しずく したたる
適 テキ
敵 テキ かたき
溺 デキ おぼれる
迭 テツ
哲 テツ
鉄 テツ
徹 テツ
撤 テツ
天 テン あめ あま
典 テン
店 テン みせ
点 テン
展 テン
添 テン そえる そう

転　テン　ころがる　ころげる　ころがす　ころぶ

塡　テン

田　デン　た

伝　デン　つたわる　つたえる　つたう

殿　デン　テン　との　どの

電　デン

## 【と】

斗　ト

吐　ト　はく

妬　ト　ねたむ

徒　ト

途　ト

都　ト　ツ　みやこ

渡　ト　わたる　わたす

塗　ト　ぬる

賭　ト　かける

土　ド　ト　つち

奴　ド

努　ド　つとめる

度　ド　ト　タク　たび

怒　ド　いかる　おこる

刀　トウ　かたな

冬　トウ　ふゆ

灯　トウ　ひ

当　トウ　あたる　あてる

投　トウ　なげる

豆　トウ　ズ　まめ

東　トウ　ひがし

到　トウ

逃　トウ　にげる　にがす　のがす　のがれる

倒　トウ　たおれる　たおす

凍　トウ　こおる　こごえる

唐　トウ　から

島　トウ　しま

桃　トウ　もも

討　トウ　うつ

透　トウ　すく　すかす　すける

党　トウ

悼　トウ　いたむ

盗　トウ　ぬすむ

陶　トウ

塔　トウ

搭　トウ

棟　トウ　むね　むな

湯　トウ　ゆ

痘　トウ

登　トウ　ト　のぼる

答　トウ　こたえる　こたえ

等　トウ　ひとしい

筒　トウ　つつ

統　トウ　すべる

稲　トウ　いね　いな

踏　トウ　ふむ　ふまえる

糖　トウ

頭　トウ　ズ　ト　あたま　かしら

謄　トウ

藤　トウ　ふじ

闘　トウ　たたかう

騰　トウ

同　ドウ　おなじ

洞　ドウ　ほら

胴　ドウ

動　ドウ　うごく　うごかす

堂　ドウ

童　ドウ　わらべ

道　ドウ　トウ　みち

働　ドウ　はたらく

銅　ドウ

導　ドウ　みちびく

瞳　ドウ　ひとみ

峠　とうげ

匿　トク

特　トク

得　トク　える　うる

督　トク

徳　トク

篤　トク

毒　ドク

独　ドク　ひとり

読　ドク　トク　トウ　よむ

栃　とち

凸　トツ

突　トツ　つく

届　とどける　とどく

屯　トン

豚　トン　ぶた

頓　トン

貪　ドン　むさぼる

鈍　ドン　にぶい　にぶる

曇　ドン　くもる

丼　どんぶり　どん

## 【な】

那　ナ

奈　ナ

内　ナイ　ダイ　うち

梨　なし

謎［謎］　なぞ

鍋　なべ

南　ナン　ナ　みなみ

軟　ナン　やわらか　やわらかい

難　ナン　かたい　むずかしい

## 【に】

二　ニ　ふた　ふたつ

尼　ニ　あま

弐　ニ

匂　におう

肉　ニク

虹　にじ

日　ニチ　ジツ　ひ　か

入　ニュウ　いる　いれる　はいる

乳　ニュウ　ちち　ち

尿　ニョウ

任　ニン　まかせる　まかす

妊　ニン

忍　ニン　しのぶ　しのばせる

認　ニン　みとめる

## 【ね】

寧　ネイ

熱　ネツ　あつい

年　ネン　とし

念　ネン

捻　ネン

粘　ネン　ねばる

燃　ネン　もえる　もやす　もす

## 【の】

悩　ノウ　なやむ　なやます

納　ノウ　ナッ　ナ　ナン　トウ　おさめる　おさまる

能　ノウ

脳　ノウ

農　ノウ

濃　ノウ　こい

## 【は】

把　ハ

波　ハ　なみ

派　ハ

破　ハ　やぶる　やぶれる

覇　ハ

馬　バ　うま　ま

婆　バ

罵　バ　ののしる

拝　ハイ　おがむ

杯　ハイ　さかずき

背　ハイ　せ　せい　そむく　そむける

肺　ハイ

俳　ハイ

配　ハイ　くばる

排　ハイ

敗　ハイ　やぶれる

廃　ハイ　すたれる　すたる

輩　ハイ

売　バイ　うる　うれる

倍　バイ

梅　バイ　うめ

培　バイ　つちかう

陪　バイ

媒　バイ

買　バイ　かう

賠　バイ

白　ハク　ビャク　しろ　しら　しろい

伯　ハク

拍　ハク　ヒョウ

泊　ハク　とまる　とめる

迫　ハク　せまる

剝　ハク　はがす　はぐ　はがれる　はげる

舶　ハク

博　ハク　バク

薄　ハク　うすい　うすめる　うすまる　うすらぐ　うすれる

麦　バク　むぎ

漠　バク

縛　バク　しばる

爆　バク

箱　はこ

箸　はし

畑　はた　はたけ

肌　はだ

八　ハチ　や　やつ　やっつ　よう

鉢　ハチ　ハツ

発　ハツ　ホツ

髪　ハツ　かみ

伐　バツ

抜　バツ　ぬく　ぬける　ぬかす　ぬかる

罰　バツ　バチ

閥　バツ

反《ハン ホン タン そる そらす》
半《ハン なかば》
氾《ハン》
犯《ハン おかす》
帆《ハン ほ》
汎《ハン》
伴《ハン バン ともなう》
判《ハン バン》
坂《ハン さか》
阪《ハン》
板《ハン バン いた》
版《ハン》
班《ハン》
畔《ハン》
般《ハン》
販《ハン》
斑《ハン》
飯《ハン めし》
搬《ハン》
煩《ハン ボン わずらう わずらわす》
頒《ハン》
範《ハン》
繁《ハン》
藩《ハン》
晩《バン》
番《バン》
蛮《バン》
盤《バン》

## 【ひ】

比《ヒ くらべる》
皮《ヒ かわ》
妃《ヒ》
否《ヒ いな》
批《ヒ》
彼《ヒ かれ かの》
披《ヒ》
肥《ヒ こえる こえ こやす こやし》
非《ヒ》
卑《ヒ いやしい いやしむ いやしめる》
飛《ヒ とぶ とばす》
疲《ヒ つかれる》
秘《ヒ ひめる》
被《ヒ こうむる》
悲《ヒ かなしい かなしむ》
扉《ヒ とびら》
費《ヒ ついやす ついえる》
碑《ヒ》
罷《ヒ》
避《ヒ さける》
尾《ビ お》
眉《ビ ミ まゆ》
美《ビ うつくしい》
備《ビ そなえる そなわる》
微《ビ》
鼻《ビ はな》
膝《ひざ》
肘《ひじ》
匹《ヒツ ひき》
必《ヒツ かならず》
泌《ヒツ ヒ》
筆《ヒツ ふで》
姫《ひめ》
百《ヒャク》
氷《ヒョウ こおり ひ》
表《ヒョウ おもて あらわす あらわれる》
俵《ヒョウ たわら》
票《ヒョウ》
評《ヒョウ》
漂《ヒョウ ただよう》
標《ヒョウ》
苗《ビョウ なえ なわ》
秒《ビョウ》
病《ビョウ ヘイ やむ やまい》
描《ビョウ えがく かく》
猫《ビョウ ねこ》
品《ヒン しな》
浜《ヒン はま》
貧《ヒン ビン まずしい》
賓《ヒン》
頻《ヒン》
敏《ビン》
瓶《ビン》

## 【ふ】

不《フ ブ》
夫《フ フウ おっと》
父《フ ちち》
付《フ つける つく》
布《フ ぬの》
扶《フ》
府《フ》
怖《フ こわい》
阜《フ》

| 漢字 | 読み |
|---|---|
| 附 | フ |
| 訃 | フ |
| 負 | フ まける まかす おう |
| 赴 | フ おもむく |
| 浮 | フ うく うかれる うかぶ うかべる |
| 婦 | フ |
| 符 | フ |
| 富 | フ フウ とむ とみ |
| 普 | フ |
| 腐 | フ くさる くされる くさらす |
| 敷 | フ しく |
| 膚 | フ |
| 賦 | フ |
| 譜 | フ |
| 侮 | ブ あなどる |
| 武 | ブ ム |
| 部 | ブ |
| 舞 | ブ まう まい |
| 封 | フウ ホウ |
| 風 | フウ フ かぜ かざ |
| 伏 | フク ふせる ふす |
| 服 | フク |
| 副 | フク |
| 幅 | フク はば |
| 復 | フク |
| 福 | フク |
| 腹 | フク はら |
| 複 | フク |
| 覆 | フク おおう くつがえす くつがえる |
| 払 | フツ はらう |
| 沸 | フツ わく わかす |
| 仏 | ブツ ほとけ |
| 物 | ブツ モツ もの |
| 粉 | フン こ こな |
| 紛 | フン まぎれる まぎらす まぎらわす まぎらわしい |
| 雰 | フン |
| 噴 | フン ふく |
| 墳 | フン |
| 憤 | フン いきどおる |
| 奮 | フン ふるう |
| 分 | ブン フン ブ わける わかれる わかる わかつ |
| 文 | ブン モン ふみ |
| 聞 | ブン モン きく きこえる |

## 【へ】

| 漢字 | 読み |
|---|---|
| 丙 | ヘイ |
| 平 | ヘイ ビョウ たいら ひら |
| 兵 | ヘイ ヒョウ |
| 併 | ヘイ あわせる |
| 並 | ヘイ なみ ならべる ならぶ ならびに |
| 柄 | ヘイ がら え |
| 陛 | ヘイ |
| 閉 | ヘイ とじる とざす しめる しまる |
| 塀 | ヘイ |
| 幣 | ヘイ |
| 弊 | ヘイ |
| 蔽 | ヘイ |
| 餅［餅］ | ヘイ もち |
| 米 | ベイ マイ こめ |
| 壁 | ヘキ かべ |
| 璧 | ヘキ |
| 癖 | ヘキ くせ |
| 別 | ベツ わかれる |
| 蔑 | ベツ さげすむ |
| 片 | ヘン かた |
| 辺 | ヘン あたり べ |
| 返 | ヘン かえす かえる |
| 変 | ヘン かわる かえる |
| 偏 | ヘン かたよる |
| 遍 | ヘン |
| 編 | ヘン あむ |
| 弁 | ベン |
| 便 | ベン ビン たより |
| 勉 | ベン |

## 【ほ】

| 漢字 | 読み |
|---|---|
| 歩 | ホ ブ フ あるく あゆむ |
| 保 | ホ たもつ |
| 哺 | ホ |
| 捕 | ホ とらえる とらわれる とる つかまえる つかまる |
| 補 | ホ おぎなう |
| 舗 | ホ |
| 母 | ボ はは |
| 募 | ボ つのる |
| 墓 | ボ はか |
| 慕 | ボ したう |
| 暮 | ボ くれる くらす |
| 簿 | ボ |
| 方 | ホウ かた |
| 包 | ホウ つつむ |
| 芳 | ホウ かんばしい |
| 邦 | ホウ |

奉　ホウ　ブ　たてまつる
宝　ホウ　たから
抱　ホウ　だく　いだく　かかえる
放　ホウ　はなす　はなつ　はなれる　ほうる
法　ホウ　ハッ　ホッ
泡　ホウ　あわ
胞　ホウ
俸　ホウ
倣　ホウ　ならう
峰　ホウ　みね
砲　ホウ
崩　ホウ　くずれる　くずす
訪　ホウ　おとずれる　たずねる
報　ホウ　むくいる
蜂　ホウ　はち
豊　ホウ　ゆたか
飽　ホウ　あきる　あかす
褒　ホウ　ほめる
縫　ホウ　ぬう
亡　ボウ　モウ　ない
乏　ボウ　とぼしい
忙　ボウ　いそがしい
坊　ボウ　ボッ
妨　ボウ　さまたげる
忘　ボウ　わすれる
防　ボウ　ふせぐ
房　ボウ　ふさ
肪　ボウ
某　ボウ
冒　ボウ　おかす
剖　ボウ
紡　ボウ　つむぐ
望　ボウ　モウ　のぞむ
傍　ボウ　かたわら
帽　ボウ
棒　ボウ
貿　ボウ
貌　ボウ
暴　ボウ　バク　あばく　あばれる
膨　ボウ　ふくらむ　ふくれる
謀　ボウ　ム　はかる
頬　ほお
北　ホク　きた
木　ボク　モク　き　こ
朴　ボク
牧　ボク　まき
睦　ボク
僕　ボク
墨　ボク　すみ
撲　ボク
没　ボツ
勃　ボツ
堀　ほり
本　ホン　もと
奔　ホン
翻　ホン　ひるがえる　ひるがえす
凡　ボン　ハン
盆　ボン

## 【ま】

麻　マ　あさ
摩　マ
磨　マ　みがく
魔　マ
毎　マイ
妹　マイ　いもうと
枚　マイ
昧　マイ
埋　マイ　うめる　うまる　うもれる
幕　マク　バク
膜　マク
枕　まくら
又　また
末　マツ　バツ　すえ
抹　マツ
万　マン　バン
満　マン　みちる　みたす
慢　マン
漫　マン

## 【み】

未　ミ
味　ミ　あじ　あじわう
魅　ミ
岬　みさき
密　ミツ
蜜　ミツ
脈　ミャク
妙　ミョウ
民　ミン　たみ
眠　ミン　ねむる　ねむい

## 【む】

矛　ム　ほこ
務　ム　つとめる　つとまる
無　ム　ブ　ない
夢　ム　ゆめ
霧　ム　きり

娘　むすめ

## 【め】

名　メイ　ミョウ　な
命　メイ　ミョウ　いのち
明　メイ　ミョウ　あかり　あかるい　あかるむ　あからむ　あきらか　あける　あく　あくる　あかす
迷　メイ　まよう
冥　メイ　ミョウ
盟　メイ
銘　メイ
鳴　メイ　なく　なる　ならす
滅　メツ　ほろびる　ほろぼす
免　メン　まぬかれる
面　メン　おも　おもて　つら
綿　メン　わた
麺　メン

## 【も】

茂　モ　しげる
模　モ　ボ
毛　モウ　け
妄　モウ　ボウ
盲　モウ
耗　モウ　コウ
猛　モウ
網　モウ　あみ
目　モク　ボク　め　ま
黙　モク　だまる
門　モン　かど
紋　モン
問　モン　とう　とい　とん

## 【や】

冶　ヤ
夜　ヤ　よ　よる
野　ヤ　の
弥　や
厄　ヤク
役　ヤク　エキ
約　ヤク
訳　ヤク　わけ
薬　ヤク　くすり
躍　ヤク　おどる
闇　やみ

## 【ゆ】

由　ユ　ユウ　ユイ　よし
油　ユ　あぶら
喩　ユ
愉　ユ
諭　ユ　さとす
輸　ユ
癒　ユ　いえる　いやす
唯　ユイ　イ
友　ユウ　とも
有　ユウ　ウ　ある
勇　ユウ　いさむ
幽　ユウ
悠　ユウ
郵　ユウ
湧　ユウ　わく
猶　ユウ
裕　ユウ
遊　ユウ　ユ　あそぶ
雄　ユウ　お　おす
誘　ユウ　さそう
憂　ユウ　うれえる　うれい　うい
融　ユウ
優　ユウ　やさしい　すぐれる

## 【よ】

与　ヨ　あたえる
予　ヨ
余　ヨ　あまる　あます
誉　ヨ　ほまれ
預　ヨ　あずける　あずかる
幼　ヨウ　おさない
用　ヨウ　もちいる
羊　ヨウ　ひつじ
妖　ヨウ　あやしい
洋　ヨウ
要　ヨウ　かなめ　いる
容　ヨウ
庸　ヨウ
揚　ヨウ　あげる　あがる
揺　ヨウ　ゆれる　ゆる　ゆらぐ　ゆるぐ　ゆする　ゆさぶる　ゆすぶる
葉　ヨウ　は
陽　ヨウ
溶　ヨウ　とける　とかす　とく
腰　ヨウ　こし
様　ヨウ　さま
瘍　ヨウ
踊　ヨウ　おどる　おどり
窯　ヨウ　かま
養　ヨウ　やしなう
擁　ヨウ
謡　ヨウ　うたい　うたう

曜　ヨウ
抑　ヨク　おさえる
沃　ヨク
浴　ヨク　あびる　あびせる
欲　ヨク　ほっする　ほしい
翌　ヨク
翼　ヨク　つばさ

### 【ら】

拉　ラ
裸　ラ　はだか
羅　ラ
来　ライ　くる　きたる　きたす
雷　ライ　かみなり
頼　ライ　たのむ　たのもしい　たよる
絡　ラク　からむ　からまる　からめる
落　ラク　おちる　おとす
酪　ラク
辣　ラツ
乱　ラン　みだれる　みだす
卵　ラン　たまご
覧　ラン
濫　ラン
藍　ラン　あい
欄　ラン

### 【り】

吏　リ
利　リ　きく
里　リ　さと
理　リ
痢　リ
裏　リ　うら
履　リ　はく
璃　リ
離　リ　はなれる　はなす
陸　リク
立　リツ　リュウ　たつ　たてる
律　リツ　リチ
慄　リツ
略　リャク
柳　リュウ　やなぎ
流　リュウ　ル　ながれる　ながす
留　リュウ　ル　とめる　とまる
竜　リュウ　たつ
粒　リュウ　つぶ
隆　リュウ
硫　リュウ
侶　リョ
旅　リョ　たび
虜　リョ
慮　リョ
了　リョウ
両　リョウ
良　リョウ　よい
料　リョウ
涼　リョウ　すずしい　すずむ
猟　リョウ
陵　リョウ　みささぎ
量　リョウ　はかる
僚　リョウ
領　リョウ
寮　リョウ
療　リョウ
瞭　リョウ
糧　リョウ　ロウ　かて
力　リョク　リキ　ちから
緑　リョク　ロク　みどり
林　リン　はやし
厘　リン
倫　リン
輪　リン　わ
隣　リン　となる　となり
臨　リン　のぞむ

### 【る】

瑠　ル
涙　ルイ　なみだ
累　ルイ
塁　ルイ
類　ルイ　たぐい

### 【れ】

令　レイ
礼　レイ　ライ
冷　レイ　つめたい　ひえる　ひや　ひやす　ひやかす　さめる　さます
励　レイ　はげむ　はげます
戻　レイ　もどす　もどる
例　レイ　たとえる
鈴　レイ　リン　すず
零　レイ
霊　レイ　リョウ　たま
隷　レイ
齢　レイ
麗　レイ　うるわしい
暦　レキ　こよみ
歴　レキ
列　レツ

劣 レツ おとる
烈 レツ
裂 レツ さく さける
恋 レン こう こい こいしい
連 レン つらなる つらねる つれる
廉 レン
練 レン ねる
錬 レン

## 【ろ】

呂 ロ
炉 ロ
賂 ロ
路 ロ じ
露 ロ ロウ つゆ
老 ロウ おいる ふける
労 ロウ
弄 ロウ もてあそぶ
郎 ロウ
朗 ロウ ほがらか
浪 ロウ
廊 ロウ
楼 ロウ
漏 ロウ もる もれる もらす
籠 ロウ かご こもる
六 ロク む むつ むっつ むい
録 ロク
麓 ロク ふもと
論 ロン

## 【わ】

和 ワ オ やわらぐ やわらげる なごむ なごやか
話 ワ はなす はなし
賄 ワイ まかなう
脇 わき
惑 ワク まどう
枠 わく
湾 ワン
腕 ワン うで

# ○旧「常用漢字表」からの変更点

## ＜字種の追加＞

※［　］＝許容字体

### 【あ】

挨《アイ》
曖《アイ》
宛《あてる》
嵐《あらし》
畏《イ おそれる》
萎《イ なえる》
椅《イ》
彙《イ》
茨《いばら》
咽《イン》
淫《イン みだら》
唄《うた》
鬱《ウツ》
怨《エン オン》
媛《エン》
艶《エン つや》
旺《オウ》
岡《おか》
臆《オク》
俺《おれ》

### 【か】

苛《カ》
牙《ガ ゲ きば》
瓦《ガ かわら》
楷《カイ》
潰《カイ つぶす つぶれる》
諧《カイ》
崖《ガイ がけ》
蓋《ガイ ふた》
骸《ガイ》
柿《かき》
顎《ガク あご》
葛《カツ くず》
釜《かま》
鎌《かま》
韓《カン》
玩《ガン》
伎《キ》
亀《キ かめ》
毀《キ》
畿《キ》
臼《キュウ うす》
嗅《キュウ かぐ》
巾《キン》
僅《キン わずか》
錦《キン にしき》
惧《グ》
串《くし》
窟《クツ》
熊《くま》
詣《ケイ もうでる》
憬《ケイ》
稽《ケイ》
隙《ゲキ すき》
桁《けた》
拳《ケン こぶし》
鍵《ケン かぎ》
舷《ゲン》
股《コ また》
虎《コ とら》
錮《コ》
勾《コウ》
梗《コウ》
喉《コウ のど》
乞《こう》
傲《ゴウ》
駒《こま》

頃　ころ
痕　コン　あと

## 【さ】

沙　サ
挫　ザ
采　サイ
塞　サイ　ソク　ふさぐ　ふさがる
埼　さい
柵　サク
刹　サツ　セツ
拶　サツ
斬　ザン　きる
恣　シ
摯　シ
餌［餌］　ジ　えさ　え
鹿　しか　か
叱　シツ　しかる
嫉　シツ
腫　シュ　はれる　はらす
呪　ジュ　のろう
袖　シュウ　そで
羞　シュウ
蹴　シュウ　ける
憧　ショウ　あこがれる
拭　ショク　ふく　ぬぐう
尻　しり
芯　シン
腎　ジン
須　ス
裾　すそ
凄　セイ
醒　セイ
脊　セキ
戚　セキ
煎　セン　いる
羨　セン　うらやむ　うらやましい
腺　セン
詮　セン
箋　セン
膳　ゼン
狙　ソ　ねらう
遡［遡］　ソ　さかのぼる
曽　ソウ　ゾ
爽　ソウ　さわやか
痩　ソウ　やせる
踪　ソウ
捉　ソク　とらえる
遜［遜］　ソン

## 【た】

汰　タ
唾　ダ　つば
堆　タイ
戴　タイ
誰　だれ
旦　タン　ダン
綻　タン　ほころびる
緻　チ
酎　チュウ
貼　チョウ　はる
嘲　チョウ　あざける
捗　チョク
椎　ツイ
爪　つめ　つま
鶴　つる
諦　テイ　あきらめる
溺　デキ　おぼれる
塡　テン
妬　ト　ねたむ
賭　ト　かける
藤　トウ　ふじ
瞳　ドウ　ひとみ
栃　とち
頓　トン
貪　ドン　むさぼる
丼　どんぶり　どん

## 【な】

那　ナ
奈　ナ
梨　なし
謎［謎］　なぞ
鍋　なべ
匂　におう
虹　にじ
捻　ネン

## 【は】

罵　バ　ののしる
剝　ハク　はがす　はぐ　はがれる　はげる
箸　はし
氾　ハン
汎　ハン
阪　ハン
斑　ハン
眉　ビ　ミ　まゆ
膝　ひざ
肘　ひじ

阜《フ》
訃《フ》
蔽《ヘイ》
餅《ヘイ もち》
［餠］
璧《ヘキ》
蔑《ベツ さげすむ》
哺《ホ》
蜂《ホウ はち》
貌《ボウ》
頬《ほお》

睦《ボク》
勃《ボツ》

【ま】

昧《マイ》
枕《まくら》
蜜《ミツ》
冥《メイ ミョウ》
麺《メン》

【や】

冶《ヤ》
弥《や》
闇《やみ》
喩《ユ》
湧《ユウ わく》
妖《ヨウ あやしい》
瘍《ヨウ》
沃《ヨク》

【ら】

拉《ラ》
辣《ラツ》
藍《ラン あい》
璃《リ》
慄《リツ》
侶《リョ》
瞭《リョウ》
瑠《ル》

呂《ロ》
賂《ロ》
弄《ロウ もてあそぶ》
籠《ロウ かご こもる》
麓《ロク ふもと》

【わ】

脇《わき》

## ＜字種の削除＞

現行「常用漢字表」から削除する字種（5字）

勺《シャク》　錘《スイ つむ》　銑《セン》　脹《チョウ》　匁《もんめ》

## ＜音訓の変更＞

1　側（訓：かわ）→「がわ」と変更。

## ＜音訓の追加＞

1　委(訓：ゆだねる)
2　育(訓：はぐくむ)
3　応(訓：こたえる)
4　滑(音：コツ)
5　関(訓：かかわる)
6　館(訓：やかた)
7　鑑(訓：かんがみる)
8　混(訓：こむ)
9　私(訓：わたし)
10　臭(訓：におう)

11　旬(音：シュン)
12　伸(訓：のべる)
13　振(訓：ふれる)
14　粋(訓：いき)
15　逝(訓：いく)
16　拙(訓：つたない)
17　全(訓：すべて)
18　創(訓：つくる)
19　速(訓：はやまる)
20　他(訓：ほか)
21　中(音：ジュウ)
22　描(訓：かく)
23　放(訓：ほうる)
24　務(訓：つとまる)
25　癒(訓：いえる・いやす)
26　要(訓：かなめ)
27　絡(訓：からめる)
28　類(訓：たぐい)

## ＜音訓の削除＞

1　畝（訓：せ）
2　疲（訓：つからす）
3　浦（音：ホ）

# ○送り仮名の付け方

○内閣訓令第2号

各行政機関

## 「送り仮名の付け方」の実施について

さきに、政府は、昭和34年内閣告示第1号をもって「送りがなのつけ方」を告示したが、その後の実施の経験等にかんがみ、これを改定し、本日、内閣告示第2号をもって、新たに「送り仮名の付け方」を告示した。

今後、各行政機関においては、これを送り仮名の付け方のよりどころとするものとする。

なお、昭和34年内閣訓令第1号は、廃止する。

昭和48年6月18日

内閣総理大臣　　田中　角栄

○内閣告示第2号

一般の社会生活において現代の国語を書き表すための送り仮名の付け方のよりどころを、次のように定める。

なお、昭和34年内閣告示第1号は、廃止する。

昭和48年6月18日

内閣総理大臣　　田中　角栄

**改正**　昭和56年10月1日内閣告示第3号

**改正**　平成22年11月30日内閣告示第3号

## 送　り　仮　名　の　付　け　方

前　書　き

1　この「送り仮名の付け方」は、法令・公用文書・新聞・雑誌・放送など、一般の社会生活において、「常用漢字表」の音訓によって現代の国語を書き表す場合の送り仮名の付け方のよりどころを示すものである。

2　この「送り仮名の付け方」は、科学・技術・芸術その他の各種専門分野や個々人の表記にまで及ぼそうとするものではない。

3　この「送り仮名の付け方」は、漢字を記号的に用いたり、表に記入したりする場合や、固有名詞を書き表す場合を対象としていない。

「本文」の見方及び使い方

1　この「送り仮名の付け方」の本文の構成は、次のとおりである。

単独の語

1　活用のある語

通則1（活用語尾を送る語に関するもの）

通則2（派生・対応の関係を考慮して、活用語尾の前の部分から送る語に関するもの）

2　活用のない語

通則3（名詞であって、送り仮名を付けない語に関するもの）

通則4（活用のある語から転じた名詞であって、もとの語の送り仮名の付け方によって送る語に関するもの）

通則5（副詞・連体詞・接続詞に関するもの）

複合の語

通則6（単独の語の送り仮名の付け方による語に関するもの）

通則7（慣用に従って送り仮名を付けない語に関するもの）

付表の語

1（送り仮名を付ける語に関するもの）

2（送り仮名を付けない語に関するもの）

2　通則とは、単独の語及び複合の語の別、活用のある語及び活用のない語の別等に応じて考えた送り仮名の付け方に関する基本的な法則をいい、必要に応じ、例外的な事項又は許容的な事項を加えてある。

したがって、各通則には、本則のほか、必要に応じて例外及び許容を設けた。ただし、通則7は、通則6の例外に当たるものであるが、該当する語が多数に上るので、別の通則として立てたものである。

3　この「送り仮名の付け方」で用いた用語の意義は、次のとおりである。

単独の語……漢字の音又は訓を単独に用いて、漢字1字で書き表す語をいう。

複合の語……漢字の訓と訓、音と訓などを複合させ、漢字2字以上を用いて書き表す語をいう。

付表の語……「常用漢字表」の付表に掲げてある語のうち、送り仮名の付け方が問題となる語をいう。

活用のある語……動詞・形容詞・形容動詞をいう。

活用のない語……名詞・副詞・連体詞・接続詞をいう。

本　則……送り仮名の付け方の基本的な法則と考えられるものをいう。

例　外……本則には合わないが、慣用として行われていると認められるものであって、本則によらず、これによるものをいう。

許　容……本則による形とともに、慣用として行われていると認められるものであって、本則以外に、これによってよいものをいう。

4　単独の語及び複合の語を通じて、字音を含む語は、その字音の部分には送り仮名を要しないのであるから、必要のない限り触れていない。

5　各通則において、送り仮名の付け方が許容によることのできる語については、本則又は許容のいずれに従ってもよいが、個々の語に適用するに当たって、許容に従ってよいかどうか判断し難い場合には、本則によるものとする。

## 本　文

単独の語

1　活用のある語

通則1

本則　活用のある語（通則2を適用する語を除く。）は、活用語尾を送る。

〔例〕　憤る　承る　書く　実る　催す

生きる　陥れる　考える　助ける

荒い　潔い　賢い　濃い

主だ

例外　(1)　語幹が「し」で終わる形容詞は、「し」から送る。

〔例〕　著しい　惜しい　悔しい　恋しい　珍しい

(2)　活用語尾の前に「か」、「やか」、「らか」を含む形容動詞は、その音節から送る。

〔例〕　暖かだ　細かだ　静かだ

穏やかだ　健やかだ　和やかだ

明らかだ　平らかだ　滑らかだ　柔らかだ

(3)　次の語は、次に示すように送る。

明らむ　味わう　哀れむ　慈しむ　教わる　脅かす（おどかす）　脅かす（おびやかす）　関わる　食らう　異なる　逆らう　捕まる　群がる　和らぐ　揺する

明るい　危ない　危うい　大きい　少ない　小さい　冷たい　平たい

新ただ　同じだ　盛んだ　平らだ　懇ろだ　惨めだ

哀れだ　幸いだ　幸せだ　巧みだ

許容　次の語は、（　）の中に示すように、活用語尾の前の音節から送ることができる。

表す（表わす）　著す（著わす）　現れる（現われる）　行う（行なう）　断る（断わる）　賜る（賜わる）

（注意）　語幹と活用語尾との区別がつかない動詞は、例えば、「着る」、「寝る」、「来る」などのように送る。

通則2

本則　活用語尾以外の部分に他の語を含む語は、含まれている語の送り仮名の付け方によって送る。（含まれている語を〔　〕の中に示す。）

〔例〕

(1)　動詞の活用形又はそれに準ずるものを含むもの。

動かす〔動く〕　照らす〔照る〕
語らう〔語る〕　計らう〔計る〕　向かう〔向く〕
浮かぶ〔浮く〕
生まれる〔生む〕　押さえる〔押す〕　捕らえる〔捕る〕
勇ましい〔勇む〕　輝かしい〔輝く〕　喜ばしい〔喜ぶ〕
晴れやかだ〔晴れる〕
及ぼす〔及ぶ〕　積もる〔積む〕　聞こえる〔聞く〕
頼もしい〔頼む〕
起こる〔起きる〕　落とす〔落ちる〕
暮らす〔暮れる〕　冷やす〔冷える〕
当たる〔当てる〕　終わる〔終える〕　変わる〔変える〕　集まる〔集める〕
定まる〔定める〕　連なる〔連ねる〕　交わる〔交える〕
混ざる・混じる〔混ぜる〕
恐ろしい〔恐れる〕

⑵　形容詞・形容動詞の語幹を含むもの。

重んずる〔重い〕　若やぐ〔若い〕
怪しむ〔怪しい〕　悲しむ〔悲しい〕　苦しがる〔苦しい〕
確かめる〔確かだ〕
重たい〔重い〕　憎らしい〔憎い〕　古めかしい〔古い〕
細かい〔細かだ〕　柔らかい〔柔らかだ〕
清らかだ〔清い〕　高らかだ〔高い〕　寂しげだ〔寂しい〕

⑶　名詞を含むもの。

汗ばむ〔汗〕　先んずる〔先〕　春めく〔春〕
男らしい〔男〕　後ろめたい〔後ろ〕

許容　読み間違えるおそれのない場合は、活用語尾以外の部分について、次の（　）の中に示すように、送り仮名を省くことができる。

〔例〕　浮かぶ（浮ぶ）　生まれる（生れる）　押さえる（押える）　捕らえる（捕える）
晴れやかだ（晴やかだ）
積もる（積る）　聞こえる（聞える）
起こる（起る）　落とす（落す）　暮らす（暮す）　当たる（当る）　終わる（終る）　変わる（変る）

（注意）　次の語は、それぞれ〔　〕の中に示す語を含むものとは考えず、通則1によるものとする。

明るい〔明ける〕　荒い〔荒れる〕　悔しい〔悔いる〕　恋しい〔恋う〕

2　活用のない語

通則3

本則　名詞（通則4を適用する語を除く。）は、送り仮名を付けない。

〔例〕　月　鳥　花　山

男　女

彼　何

例外　(1)　次の語は、最後の音節を送る。

辺り　哀れ　勢い　幾ら　後ろ　傍ら　幸い　幸せ　全て　互い　便り　半ば　情け　斜め　独り　誉れ　自ら　災い

(2)　数をかぞえる「つ」を含む名詞は、その「つ」を送る。

〔例〕　一つ　二つ　三つ　幾つ

通則4

本則　活用のある語から転じた名詞及び活用のある語に「さ」、「み」、「げ」などの接尾語が付いて名詞になったものは、もとの語の送り仮名の付け方によって送る。

〔例〕

(1)　活用のある語から転じたもの。

動き　仰せ　恐れ　薫り　曇り　調べ　届け　願い　晴れ

当たり　代わり　向かい

狩り　答え　問い　祭り　群れ

憩い　愁い　憂い　香り　極み　初め

近く　遠く

(2)　「さ」、「み」、「げ」などの接尾語が付いたもの。

暑さ　大きさ　正しさ　確かさ

明るみ　重み　憎しみ

惜しげ

例外　次の語は、送り仮名を付けない。

謡　虞　趣　氷　印　頂　帯　畳

卸　煙　恋　志　次　隣　富　恥　話　光　舞

折　係　掛（かかり）　組　肥　並（なみ）　巻　割

（注意）　ここに掲げた「組」は、「花の組」、「赤の組」などのように使った場合の「くみ」であり、例えば、「活字の組みがゆるむ。」などとして使う場合の「くみ」を意味するものではない。「光」、「折」、「係」なども、同様に動詞の意識が残っているような使い方の場合は、この例外に該当しない。したがって、本則を適用して送り仮名をつける。

許容　読み間違えるおそれのない場合は、次の（　）の中に示すように、送り仮名を省くことができる。

〔例〕 曇り（曇） 届け（届） 願い（願） 晴れ（晴）
当たり（当り） 代わり（代り） 向かい（向い）
狩り（狩） 答え（答） 問い（問） 祭り（祭） 群れ（群）
憩い（憩）

通則5

本則 副詞・連体詞・接続詞は、最後の音節を送る。

〔例〕 必ず 更に 少し 既に 再び 全く 最も
来る 去る
及び 且つ 但し

例外 (1) 次の語は、次に示すように送る。
明くる 大いに 直ちに 並びに 若しくは

(2) 次の語は、送り仮名を付けない。
又

(3) 次のように、他の語を含む語は、含まれている語の送り仮名の付け方によって送る。（含まれている語を〔 〕の中に示す。）

〔例〕 併せて〔併せる〕 至って〔至る〕 恐らく〔恐れる〕 従って〔従う〕
絶えず〔絶える〕 例えば〔例える〕 努めて〔努める〕
辛うじて〔辛い〕 少なくとも〔少ない〕
互いに〔互い〕
必ずしも〔必ず〕

複合の語

通則6

本則 複合の語（通則7を適用する語を除く。）の送り仮名は、その複合の語を書き表す漢字の、それぞれの音訓を用いた単独の語の送り仮名の付け方による。

〔例〕

(1) 活用のある語

書き抜く 流れ込む 申し込む 打ち合わせる 向かい合わせる 長引く 若返る 裏切る 旅立つ

聞き苦しい 薄暗い 草深い 心細い 待ち遠しい 軽々しい 若々しい 女々しい

気軽だ 望み薄だ

(2) 活用のない語

石橋 竹馬 山津波 後ろ姿 斜め左 花便り 独り言 卸商 水煙 目印 田植え 封切り 物知り 落書き 雨上がり 墓参り 日当たり 夜明かし 先駆け 巣立ち 手渡し

入り江　飛び火　教え子　合わせ鏡　生き物　落ち葉　預かり金

寒空　深情け

愚か者

行き帰り　伸び悩み　乗り降り　抜け駆け　作り笑い　暮らし向き　売り上げ　取り扱い　乗り換え　引き換え　歩み寄り　申し込み　移り変わり

長生き　早起き　苦し紛れ　大写し

粘り強さ　有り難み　待ち遠しさ

乳飲み子　無理強い　立ち居振る舞い　呼び出し電話

次々　常々

近々　深々

休み休み　行く行く

許容　読み間違えるおそれのない場合は、次の（　）の中に示すように、送り仮名を省くことができる。

〔例〕　書き抜く（書抜く）　申し込む（申込む）　打ち合わせる（打ち合せる・打合せる）　向かい合わせる（向い合せる）　聞き苦しい（聞苦しい）　待ち遠しい（待遠しい）

田植え（田植）　封切り（封切）　落書き（落書）　雨上がり（雨上り）　日当たり（日当り）　夜明かし（夜明し）

入り江（入江）　飛び火（飛火）　合わせ鏡（合せ鏡）　預かり金（預り金）

抜け駆け（抜駆け）　暮らし向き（暮し向き）　売り上げ（売上げ・売上）　取り扱い（取扱い・取扱）　乗り換え（乗換え・乗換）　引き換え（引換え・引換）　申し込み（申込み・申込）　移り変わり（移り変り）

有り難み（有難み）　待ち遠しさ（待遠しさ）

立ち居振る舞い（立ち居振舞い・立ち居振舞・立居振舞）　呼び出し電話（呼出し電話・呼出電話）

（注意）「こけら落とし（こけら落し）」、「さび止め」、「洗いざらし」、「打ちひも」のように、前又は後ろの部分を仮名で書く場合は、他の部分については、単独の語の送り仮名の付け方による。

通則７

複合の語のうち、次のような名詞は、慣用に従って、送り仮名を付けない。

〔例〕

⑴　特定の領域の語で、慣用が固定していると認められるもの。

ア　地位・身分・役職等の名。

関取　頭取　取締役　事務取扱

イ　工芸品の名に用いられた「織」、「染」、「塗」等。

《博多》織　《型絵》染　《春慶》塗　《鎌倉》彫　《備前》焼

ウ　その他。

書留　気付　切手　消印　小包　振替　切符　踏切

請負　売値　買値　仲買　歩合　両替　割引　組合　手当

倉敷料　作付面積

売上《高》　貸付《金》　借入《金》　繰越《金》　小売《商》　積立《金》　取扱《所》　取扱《注意》　取次《店》　取引《所》　乗換《駅》　乗組《員》　引受《人》　引受《時刻》　引換《券》　《代金》引換　振出《人》　待合《室》　見積《書》　申込《書》

⑵　一般に、慣用が固定していると認められるもの。

奥書　木立　子守　献立　座敷　試合　字引　場合　羽織　葉巻　番組　番付　日付水引　物置　物語　役割　屋敷　夕立　割合

合図　合間　植木　置物　織物　貸家　敷石　敷地　敷物　立場　建物　並木　巻紙　受付　受取

浮世絵　絵巻物　仕立屋

(注意)

⑴　「《博多》織」、「売上《高》」などのようにして掲げたものは、《　》の中を他の漢字で置き換えた場合にも、この通則を適用する。

⑵　通則7を適用する語は、例として挙げたものだけで尽くしてはいない。したがって、慣用が固定していると認められる限り、類推して同類の語にも及ぼすものである。通則7を適用してよいかどうか判断し難い場合には、通則6を適用する。

付表の語

「常用漢字表」の「付表」に掲げてある語のうち送り仮名の付け方が問題となる次の語は、次のようにする。

1　次の語は、次に示すように送る。

浮つく　お巡りさん　差し支える　立ち退く　手伝う　最寄り

なお、次の語は、(　) の中に示すように、送り仮名を省くことができる。

差し支える（差支える）　立ち退く（立退く）

2　次の語は、送り仮名を付けない。

息吹　桟敷　時雨　築山　名残　雪崩　吹雪　迷子　行方

# ○現代仮名遣い

○内閣訓令第1号

各行政機関

## 「現代仮名遣い」の実施について

政府は、本日、内閣告示第1号をもって、「現代仮名遣い」を告示した。

今後、各行政機関においては、これを現代の国語を書き表すための仮名遣いのよりどころとするものとする。

なお、昭和21年内閣訓令第8号は、廃止する。

昭和61年7月1日

内閣総理大臣　中曽根　康弘

**改正**　平成22年11月30日内閣告示第4号

○内閣告示第1号

一般の社会生活において現代の国語を書き表すための仮名遣いのよりどころを、次のように定める。

なお、昭和21年内閣告示第33号は、廃止する。

昭和61年7月1日

内閣総理大臣　中曽根　康弘

## 現代仮名遣い

前書き

1　この仮名遣いは、語を現代語の音韻に従って書き表すことを原則とし、一方、表記の慣習を尊重して一定の特例を設けるものである。

2　この仮名遣いは、法令、公用文書、新聞、雑誌、放送など、一般の社会生活において、現代の国語を書き表すための仮名遣いのよりどころを示すものである。

3　この仮名遣いは、科学、技術、芸術その他の各種専門分野や個々人の表記にまで及ぼそうとするものではない。

4　この仮名遣いは、主として現代文のうち口語体のものに適用する。原文の仮名遣いによる必要のあるもの、固有名詞などでこれによりがたいものは除く。

5　この仮名遣いは、擬声・擬態的描写や嘆声、特殊な方言音、外来語・外来音などの書き表し方を対象とするものではない。

6　この仮名遣いは、「ホオ・ホホ（頰）」「テキカク・テッカク（的確）」のような発音にゆれのある語について、その発音をどちらかに決めようとするものではない。

7　この仮名遣いは、点字、ローマ字などを用いて国語を書き表す場合のきまりとは必ずしも対応するものではない。

8　歴史的仮名遣いは、明治以降、「現代かなづかい」（昭和21年内閣告示第33号）の行われる以前には、社会一般の基準として行われていたものであり、今日においても、歴史的仮名遣いで書かれた文献などを読む機会は多い。歴史的仮名遣いが、我が国の歴史や文化に深いかかわりをもつものとして、尊重されるべきことは言うまでもない。また、この仮名遣いにも歴史的仮名遣いを受け継いでいるところがあり、この仮名遣いの理解を深める上で、歴史的仮名遣いを知ることは有用である。付表において、この仮名遣いと歴史的仮名遣いとの対照を示すのはそのためである。

## 本　　文

凡　例

1　原則に基づくきまりを第1に示し、表記の慣習による特例を第2に示した。

2　例は、おおむね平仮名書きとし、適宜、括弧内に漢字を示した。常用漢字表に掲げられていない漢字及び音訓には、それぞれ＊印及び△印をつけた。

第1　語を書き表すのに、現代語の音韻に従って、次の仮名を用いる。

ただし、下線を施した仮名は、第2に示す場合にだけ用いるものである。

1　直音

| | | | | | | | | | |
|---|---|---|---|---|---|---|---|---|---|
| あ | い | う | え | お | | | | | |
| か | き | く | け | こ | が | ぎ | ぐ | げ | ご |
| さ | し | す | せ | そ | ざ | じ | ず | ぜ | ぞ |
| た | ち | つ | て | と | だ | ぢ | づ | で | ど |
| な | に | ぬ | ね | の | | | | | |
| は | ひ | ふ | へ | ほ | ば | び | ぶ | べ | ぼ |
| | | | | | ぱ | ぴ | ぷ | ぺ | ぽ |
| ま | み | む | め | も | | | | | |
| や | | ゆ | | よ | | | | | |
| ら | り | る | れ | ろ | | | | | |
| わ | | | | を | | | | | |

例　あさひ（朝日）　きく（菊）　さくら（桜）　ついやす（費）　にわ（庭）　ふで（筆）
もみじ（紅葉）　ゆずる（譲）　れきし（歴史）　わかば（若葉）
えきか（液化）　せいがくか（声楽家）　さんぽ（散歩）

2　拗《よう》音

きゃ　きゅ　きょ　ぎゃ　ぎゅ　ぎょ

| | | | | | |
|---|---|---|---|---|---|
| しゃ | しゅ | しょ | じゃ | じゅ | じょ |
| ちゃ | ちゅ | ちょ | ぢゃ | ぢゅ | ぢょ |
| にゃ | にゅ | にょ | | | |
| ひゃ | ひゅ | ひょ | びゃ | びゅ | びょ |
| | | | ぴゃ | ぴゅ | ぴょ |
| みゃ | みゅ | みょ | | | |
| りゃ | りゅ | りょ | | | |

例　しゃかい（社会）　しゅくじ（祝辞）　かいじょ（解除）　りゃくが（略画）

〔注意〕 拗音に用いる「や、ゆ、よ」は、なるべく小書きにする。

3　撥《はつ》音

ん

例　まなんで（学）　みなさん　しんねん（新年）　しゅんぶん（春分）

4　促音

っ

例　はしって（走）　かっき（活気）　がっこう（学校）　せっけん（石鹸*）

〔注意〕 促音に用いる「つ」は、なるべく小書きにする。

5　長音

(1)　ア列の長音

ア列の仮名に「あ」を添える。

例　おかあさん　おばあさん

(2)　イ列の長音

イ列の仮名に「い」を添える。

例　にいさん　おじいさん

(3)　ウ列の長音

ウ列の仮名に「う」を添える。

例　おさむうございます（寒）　くうき（空気）　ふうふ（夫婦）

うれしゅう存じます　きゅうり　ぼくじゅう（墨汁）　ちゅうもん（注文）

(4)　エ列の長音

エ列の仮名に「え」を添える。

例　ねえさん　ええ（応答の語）

(5)　オ列の長音

オ列の仮名に「う」を添える。

例　おとうさん　とうだい（灯台）
わこうど（若人）　おうむ
かおう（買）　あそぼう（遊）　おはよう（早）
おうぎ（扇）　ほうる（放）　とう（塔）
よいでしょう　はっぴょう（発表）
きょう（今日）　ちょうちょう（*蝶々）

第２　特定の語については、表記の慣習を尊重して、次のように書く。

1　助詞の「を」は、「を」と書く。
例　本を読む　岩をも通す　失礼をばいたしました
やむをえない　いわんや…をや　よせばよいものを
てにをは

2　助詞の「は」は、「は」と書く。
例　今日は日曜です　山では雪が降りました
あるいは　または　もしくは
いずれは　さては　ついては　ではさようなら　とはいえ
惜しむらくは　恐らくは　願わくは
これはこれは　こんにちは　こんばんは
悪天候もものかは
〔注意〕次のようなものは、この例にあたらないものとする。
いまわの際　すわ一大事
雨も降るわ風も吹くわ　来るわ来るわ　きれいだわ

3　助詞の「へ」は、「へ」と書く。
例　故郷へ帰る　…さんへ　母への便り　駅へは数分

4　動詞の「いう（言）」は、「いう」と書く。
例　ものをいう（言）　いうまでもない　昔々あったという
どういうふうに　人というもの　こういうわけ

5　次のような語は、「ぢ」「づ」を用いて書く。
(1)　同音の連呼によって生じた「ぢ」「づ」
例　ちぢみ（縮）　ちぢむ　ちぢれる　ちぢこまる

つづみ（鼓）　つづら　つづく（続）　つづめる（約）　つづる（綴）

〔注意〕「いちじく」「いちじるしい」は、この例にあたらない。

⑵　二語の連合によって生じた「ぢ」「づ」

例　はなぢ（鼻血）　そえぢ（添乳）　もらいぢち　そこぢから（底力）　ひぢりめん　いれぢえ（入知恵）　ちゃのみぢゃわん

まぢか（間近）　こぢんまり

ちかぢか（近々）　ちりぢり

みかづき（三日月）　たけづつ（竹筒）　たづな（手綱）　ともづな　にいづま（新妻）　けづめ　ひづめ　ひげづら

おこづかい（小遣）　あいそづかし　わしづかみ　こころづくし（心尽）　てづくり（手作）　こづつみ（小包）　ことづて　はこづめ（箱詰）　はたらきづめ　みちづれ（道連）

かたづく　こづく（小突）　どくづく　もとづく　うらづける　ゆきづまる　ねばりづよい

つねづね（常々）　つくづく　つれづれ

なお、次のような語については、現代語の意識では一般に二語に分解しにくいもの等として、それぞれ「じ」「ず」を用いて書くことを本則とし、「せかいぢゅう」「いなづま」のように「ぢ」「づ」を用いて書くこともできるものとする。

例　せかいじゅう（世界中）

いなずま（稲妻）　かたず（固唾）　きずな（絆）　さかずき（杯）　ときわず　ほおずき　みみずく

うなずく　おとずれる（訪）　かしずく　つまずく　ぬかずく　ひざまずく

あせみずく　くんずほぐれつ　さしずめ　でずっぱり　なかんずく

うでずく　くろずくめ　ひとりずつ

ゆうずう（融通）

〔注意〕次のような語の中の「じ」「ず」は、漢字の音読みでもともと濁っているものであって、上記⑴、⑵のいずれにもあたらず、「じ」「ず」を用いて書く。

例　じめん（地面）　ぬのじ（布地）

ずが（図画）　りゃくず（略図）

6　次のような語は、オ列の仮名に「お」を添えて書く。

例　おおかみ　おおせ（仰）　おおやけ（公）　こおり（氷・郡）　こおろぎ　ほお（頬・朴）　ほおずき　ほのお（炎）　とお（十）

いきどおる（憤）　おおう（覆）　こおる（凍）　しおおせる　とおる（通）　とどこおる（滞）　もよおす（催）

いとおしい　　おおい（多）　　おおきい（大）　　とおい（遠）

おおむね　　おおよそ

これらは、歴史的仮名遣いでオ列の仮名に「ほ」又は「を」が続くものであって、オ列の長音として発音されるか、オ・オ、コ・オのように発音されるかにかかわらず、オ列の仮名に「お」を添えて書くものである。

付記

次のような語は、エ列の長音として発音されるか、エイ、ケイなどのように発音されるかにかかわらず、エ列の仮名に「い」を添えて書く。

例　かれい　　せい（背）

かせいで（稼）　　まねいて（招）　　春めいて

へい（塀）　　めい（銘）　　れい（例）

えいが（映画）　　とけい（時計）　　ていねい（丁寧）

## 付　　表

凡　例

1　現代語の音韻を目印として、この仮名遣いと歴史的仮名遣いとの主要な仮名の使い方を対照させ、例を示した。

2　音韻を表すのには、片仮名及び長音符号「ー」を用いた。

3　例は、おおむね漢字書きとし、仮名の部分は歴史的仮名遣いによった。常用漢字表に掲げられていない漢字及び音訓には、それぞれ＊印及び△印をつけ、括弧内に仮名を示した。

4　ジの音韻の項には、便宜、拗音の例を併せ挙げた。

| 現代語の音韻 | この仮名遣いで用いる仮名 | 歴史的仮名遣いで用いる仮名 | 例 |
|---|---|---|---|
| イ | い | い | 石　報いる　赤い　意図　愛 |
| | | ゐ | 井戸　居る　参る　胃　権威 |
| | | ひ | 貝　合図　費やす　思ひ出　恋しさ |
| ウ | う | う | 歌　馬　浮かぶ　雷雨　機運 |
| | | ふ | 買ふ　吸ふ　争ふ　危ふい |
| エ | え | え | 柄　枝　心得　見える　栄誉 |
| | | ゑ | 声　植ゑる　絵　円　知恵 |
| | | へ | 家　前　考へる　帰る　救へ |
| | へ | へ | 西へ進む |
| オ | お | お | 奥　大人　起きる　お話　雑音 |
| | | を | 男　十日　踊る　青い　悪寒 |
| | | ほ | 顔　氷　滞る　直す　大きい |
| | | ふ | 仰ぐ　倒れる |
| | を | を | 花を見る |
| カ | か | か | 蚊　紙　静か　家庭　休暇 |
| | | くわ | 火事　歓迎　結果　生活　愉快 |
| ガ | が | が | 石垣　学問　岩石　生涯　発芽 |
| | | ぐわ | 画家　外国　丸薬　正月　念願 |
| ジ | じ | じ | 初め　こじあける　字　自慢　術語 |
| | | ぢ | 味　恥ぢる　地面　女性　正直 |
| | ぢ | ぢ | 縮む　鼻血　底力　近々　入れ知恵 |
| ズ | ず | ず | 鈴　物好き　知らずに　人数　洪水 |
| | | づ | 水　珍しい　一つづつ　図画　大豆 |
| | づ | づ | 鼓　続く　三日月　塩漬け　常々 |
| ワ | わ | わ | 輪　泡　声色　弱い　和紙 |
| | | は | 川　回る　思はず　柔らか　琵琶（びは） |
| | は | は | 我は海の子　又は |
| ユー | ゆう | ゆう | 勇気　英雄　金融 |
| | | ゆふ | 夕方 |
| | | いう | 遊戯　郵便　勧誘　所有 |
| | | いふ | 都邑（といふ） |
| | いう | いふ | 言ふ |
| オー | おう | おう | 負うて　応答　欧米 |
| | | あう | 桜花　奥義　中央 |
| | | あふ | 扇　押収　凹凸 |
| | | わう | 弱う　王子　往来　卵黄 |

| | | | |
|---|---|---|---|
| | | はう | 買はう　舞はう　怖うございます |
| コー | こう | こう | 功績　拘束　公平　気候　振興 |
| | | こふ | *劫（こふ） |
| | | かう | 咲かう　赤う　かうして　講義　健康 |
| | | かふ | 甲乙　太*閤（たいかふ） |
| | | くわう | 光線　広大　恐慌　破天荒 |
| ゴー | ごう | ごう | 皇后 |
| | | ごふ | 業　永*劫（えいごふ） |
| | | がう | 急がう　長う　強引　豪傑　番号 |
| | | がふ | 合同 |
| | | ぐわう | *轟音（ぐわうおん） |
| ソー | そう | そう | 僧　総員　競走　吹奏　放送 |
| | | さう | 話さう　浅う　さうして　草案　体操 |
| | | さふ | 挿話 |
| ゾー | ぞう | ぞう | 増加　憎悪　贈与 |
| | | ざう | 象　蔵書　製造　内臓　仏像 |
| | | ざふ | 雑煮 |
| トー | とう | とう | 弟　統一　冬至　暴投　北東 |
| | | たう | 峠　勝たう　痛う　刀剣　砂糖 |
| | | たふ | 塔　答弁　出納 |
| ドー | どう | どう | どうして　銅　童話　運動　空洞 |
| | | だう | 堂　道路　*葡*萄（ぶだう） |
| | | だふ | 問答 |
| ノー | のう | のう | 能　農家　濃紺 |
| | | のふ | 昨日 |
| | | なう | 死なう　危なうございます　脳　苦悩 |
| | | なふ | 納入 |
| ホー | ほう | ほう | 奉祝　俸給　豊年　霊峰 |
| | | ほふ | 法会 |
| | | はう | 葬る　包囲　芳香　解放 |
| | | はふ | はふり投げる　はふはふの体　法律 |
| ボー | ぼう | ぼう | 某　貿易　解剖　無謀 |
| | | ぼふ | 正法 |
| | | ばう | 遊ばう　飛ばう　紡績　希望　堤防 |
| | | ばふ | 貧乏 |
| ポー | ぽう | ぽう | 本俸　連峰 |
| | | ぽふ | 説法 |
| | | ぱう | 鉄砲　奔放　立方 |

| | | | |
|---|---|---|---|
| | | ぱふ | 立法 |
| モー | もう | もう | もう一つ　啓蒙（けいもう） |
| | | まう | 申す　休まう　甘う　猛獣　本望 |
| ヨー | よう | よう | 見よう　ようございます　用　容易　中庸 |
| | | やう | 八日　早う　様子　洋々　太陽 |
| | | えう | 幼年　要領　童謡　日曜 |
| | | えふ | 紅葉 |
| ロー | ろう | ろう | 楼　漏電　披露 |
| | | ろふ | かげろふ　ふくろふ |
| | | らう | 祈らう　暗う　廊下　労働　明朗 |
| | | らふ | 候文　蠟燭（らふそく） |
| キュー | きゅう | きゆう | 弓術　宮殿　貧窮 |
| | | きう | 休養　丘陵　永久　要求 |
| | | きふ | 及第　急務　給与　階級 |
| ギュー | ぎゅう | ぎう | 牛乳 |
| シュー | しゅう | しゆう | 宗教　衆知　終了 |
| | | しう | よろしう　周囲　収入　晩秋 |
| | | しふ | 執着　習得　襲名　全集 |
| ジュー | じゅう | じゆう | 充実　従順　臨終　猟銃 |
| | | じう | 柔軟　野獣 |
| | | じふ | 十月　渋滞　墨汁 |
| | | ぢゆう | 住居　重役　世界中 |
| チュー | ちゅう | ちゆう | 中学　衷心　注文　昆虫 |
| | | ちう | 抽出　鋳造　宇宙　白昼 |
| ニュー | にゅう | にゆう | 乳酸 |
| | | にう | 柔和 |
| | | にふ | 埴生（はにふ）　入学 |
| ヒュー | ひゅう | ひう | 日向（ひうが） |
| ビュー | びゅう | びう | 誤謬（ごびう） |
| リュー | りゅう | りゆう | 竜　隆盛 |
| | | りう | 留意　流行　川柳 |
| | | りふ | 粒子　建立 |
| キョー | きょう | きよう | 共通　恐怖　興味　吉凶 |
| | | きやう | 兄弟　鏡台　経文　故郷　熱狂 |
| | | けう | 教育　矯正　絶叫　鉄橋 |
| | | けふ | 今日　脅威　協会　海峡 |
| ギョー | ぎょう | ぎよう | 凝集 |

| | | | |
|---|---|---|---|
| | | ぎやう | 仰天　修行　人形 |
| | | げう | 今暁 |
| | | げふ | 業務 |
| ショー | しょう | しよう | 昇格　承諾　勝利　自称　訴訟 |
| | | しやう | 詳細　正直　商売　負傷　文章 |
| | | せう | 見ませう　小説　消息　少年　微笑 |
| | | せふ | 交渉 |
| ジョー | じょう | じよう | 冗談　乗馬　過剰 |
| | | じやう | 成就　上手　状態　感情　古城 |
| | | ぜう | *饒舌（ぜうぜつ） |
| | | ぢやう | 定石　丈夫　市場　令嬢 |
| | | でう | 箇条 |
| | | でふ | 一*帖（いちでふ）　六畳 |
| | ぢょう | ぢやう | 盆△提△灯（ぼんぢやうちん） |
| | | でう | 一本調子 |
| チョー | ちょう | ちよう | 徴収　清澄　尊重 |
| | | ちやう | 腸　町会　聴取　長短　手帳 |
| | | てう | 調子　朝食　弔電　前兆　野鳥 |
| | | てふ | *蝶（てふ） |
| ニョー | にょう | によう | 女房 |
| | | ねう | 尿 |
| ヒョー | ひょう | ひよう | 氷山 |
| | | ひやう | 拍子　評判　兵糧 |
| | | へう | 表裏　土俵　投票 |
| ビョー | びょう | びやう | 病気　平等 |
| | | べう | 秒読み　描写 |
| ピョー | ぴょう | ぴよう | 結氷　信*憑性（しんぴようせい） |
| | | ぴやう | 論評 |
| | | ぺう | 一票　本表 |
| ミョー | みょう | みやう | 名代　明日　寿命 |
| | | めう | 妙技 |
| リョー | りょう | りよう | 丘陵 |
| | | りやう | 領土　両方　善良　納涼　分量 |
| | | れう | 寮　料理　官僚　終了 |
| | | れふ | 漁　猟 |

# ○法令における漢字使用等について

内閣法制局総総第208号

平成22年11月30日

各府省庁事務次官等　殿

内閣法制次長

## 法令における漢字使用等について（通知）

平成22年11月30日付け内閣告示第2号をもって「常用漢字表」が告示され、同日付け内閣訓令第1号「公用文における漢字使用等について」が定められたことに伴い、当局において、法令における漢字使用等について検討した結果、別紙のとおり「法令における漢字使用等について」（平成22年11月30日付け内閣法制局長官決定）を定め、実施することとしましたので、通知します。

なお、昭和29年11月25日付け法制局総発第89号の「法令用語改善の実施要領」（同実施要領の別紙「法令用語改正要領」を含む。）及び昭和56年10月1日付け内閣法制局総発第141号の「法令における漢字使用等について」は、本日付けで廃止しますので、併せて通知します。

**（別紙）**

平成22年11月30日付け内閣告示第2号をもって「常用漢字表」が告示され、同日付け内閣訓令第1号「公用文における漢字使用等について」が定められたことに伴い、法令における漢字使用等について、次のように定める。

平成22年11月30日

内閣法制局長官　梶田　信一郎

### 法令における漢字使用等について

1　漢字使用について

(1)　法令における漢字使用は、次の(2)から(6)までにおいて特別の定めをするもののほか、「常用漢字表」（平成22年内閣告示第2号。以下「常用漢字表」という。）の本表及び付表（表の見方及び使い方を含む。）並びに「公用文における漢字使用等について」（平成22年内閣訓令第1号）の別紙の1「漢字使用について」の(2)によるものとする。また、字体については、通用字体を用いるものとする。

なお、常用漢字表により漢字で表記することとなったものとしては、次のようなものがある。

挨拶　宛先　椅子　咽喉　隠蔽　鍵　覚醒　崖　玩具　毀損　亀裂　禁錮　舷　拳

銃　勾留　柵　失踪　焼酎　処方箋　腎臓　進捗　整頓　脊柱　遡及　堆積　貼付　賭博　剝奪　破綻　汎用　氾濫　膝　肘　払拭　閉塞　捕捉　補塡　哺乳類　蜜蜂　明瞭　湧出　拉致　賄賂　関わる　鑑みる　遡る　全て

(2)　次のものは、常用漢字表により、（　）の中の表記ができることとなったが、引き続きそれぞれ下線を付けて示した表記を用いるものとする。

壊滅（潰滅）　壊乱（潰乱）　決壊（決潰）
広範（広汎）　全壊（全潰）　倒壊（倒潰）
破棄（破毀）　崩壊（崩潰）　理屈（理窟）

(3)　次のものは、常用漢字表により、下線を付けて示した表記ができることとなったので、（　）の中の表記に代えて、それぞれ下線を付けて示した表記を用いるものとする。

臆説（憶説）　臆測（憶測）　肝腎（肝心）

(4)　次のものは、常用漢字表にあるものであっても、仮名で表記するものとする。

| | | |
|---|---|---|
| 虞<br>恐れ | → | おそれ |
| 且つ | → | かつ |
| 従って（接続詞） | → | したがって |
| 但し | → | ただし |
| 但書 | → | ただし書 |
| 外<br>他 | → | ほか |
| 又 | → | また（ただし、「または」は「又は」と表記する。） |
| 因る | → | よる |

(5)　常用漢字表にない漢字で表記する言葉及び常用漢字表にない漢字を構成要素として表記する言葉並びに常用漢字表にない音訓を用いる言葉の使用については、次によるものとする。

ア　専門用語等であって、他に言い換える言葉がなく、しかも仮名で表記すると理解することが困難であると認められるようなものについては、その漢字をそのまま用いてこれに振り仮名を付ける。

【例】
暗渠《きよ》　按《あん》分　蛾《が》　瑕疵《かし》　管渠《きよ》　涵《かん》養　強姦《かん》　砒《ひ》素　埠《ふ》頭

イ　次のものは、仮名で表記する。

| | | |
|---|---|---|
| 拘わらず | → | かかわらず |
| 此 | → | この |
| 之 | → | これ |
| 其 | → | その |

煙草 → たばこ

為 → ため

以て → もって

等（ら） → ら

猥褻 → わいせつ

ウ　仮名書きにする際、単語の一部だけを仮名に改める方法は、できるだけ避ける。

【例】

斡旋 → あっせん（「あっ旋」は用いない。）

煉瓦 → れんが（「れん瓦」は用いない。）

ただし、次の例のように一部に漢字を用いた方が分かりやすい場合は、この限りでない。

【例】

あへん煙　えん堤　救じゅつ　橋りょう　し尿　出えん　じん肺

ため池　ちんでん池　でん粉　てん末　と畜　ばい煙　排せつ

封かん　へき地　らく印　漏えい

エ　常用漢字表にない漢字又は音訓を仮名書きにする場合には、仮名の部分に傍点を付けることはしない。

(6)　次のものは、（　）の中に示すように取り扱うものとする。

匕　首（用いない。「あいくち」を用いる。）

委　棄（用いない。）

慰藉料（用いない。「慰謝料」を用いる。）

溢　水（用いない。）

違　背（用いない。「違反」を用いる。）

印　顆（用いない。）

湮　滅（用いない。「隠滅」を用いる。）

苑　地（用いない。「園地」を用いる。）

汚　穢（用いない。）

解　止（用いない。）

戒　示（用いない。）

灰　燼（用いない。）

改　訂・改　定（「改訂」は書物などの内容に手を加えて正すことという意味についてのみ用いる。それ以外の場合は「改定」を用いる。）

開　披（用いない。）

牙　保（用いない。）

勧　解（用いない。）

監　守（用いない。）
管　守（用いない。「保管」を用いる。）
陥　穽（用いない。）
干　与・干　預（用いない。「関与」を用いる。）
義　捐（用いない。）
汽　罐（用いない。「ボイラー」を用いる。）
技　監（特別な理由がある場合以外は用いない。）
規　正・規　整・規　制（「規正」はある事柄を規律して公正な姿に当てはめることという意味についてのみ、「規整」はある事柄を規律して一定の枠に納め整えることという意味についてのみ、それぞれ用いる。それ以外の場合は「規制」を用いる。）
羈　束（用いない。）
吃　水（用いない。「喫水」を用いる。）
規　程（法令の名称としては、原則として用いない。「規則」を用いる。）
欺　瞞（用いない。）
欺　罔（用いない。）
狭　隘（用いない。）
饗　応（用いない。「供応」を用いる。）
驚　愕（用いない。）
魚　艙（用いない。「魚倉」を用いる。）
紀　律（特別な理由がある場合以外は用いない。「規律」を用いる。）
空気槽（用いない。「空気タンク」を用いる。）
具　有（用いない。）
繋　船（用いない。「係船」を用いる。）
繋　属（用いない。「係属」を用いる。）
計　理（用いない。「経理」を用いる。）
繋　留（用いない。「係留」を用いる。）
懈　怠（用いない。）
牽　連（用いない。「関連」を用いる。）
溝　渠（特別な理由がある場合以外は用いない。）
交叉点（用いない。「交差点」を用いる。）
更　代（用いない。「交代」を用いる。）
弘　報（用いない。「広報」を用いる。）
骨　牌（用いない。「かるた類」を用いる。）
戸　扉（用いない。）

誤　謬（用いない。）

詐　偽（用いない。「偽り」を用いる。）

鑿　井（用いない。）

作　製・作　成（「作製」は製作（物品を作ること）という意味についてのみ用いる。
それ以外の場合は「作成」を用いる。）

左　の（「次の」という意味では用いない。）

鎖　鑰（用いない。）

撒水管（用いない。「散水管」を用いる。）

旨　趣（用いない。「趣旨」を用いる。）

枝　条（用いない。）

首　魁（用いない。「首謀者」を用いる。）

酒　精（用いない。「アルコール」を用いる。）

鬚　髯（用いない。）

醇　化（用いない。「純化」を用いる。）

竣　功（特別な理由がある場合以外は用いない。「完成」を用いる。）

傷　痍（用いない。）

焼　燬（用いない。）

銷　却（用いない。「消却」を用いる。）

情　況（特別な理由がある場合以外は用いない。「状況」を用いる。）

檣　頭（用いない。「マストトップ」を用いる。）

証　標（用いない。）

証　憑・憑　拠（用いない。「証拠」を用いる。）

牆　壁（用いない。）

塵　埃（用いない。）

塵　芥（用いない。）

侵　蝕（用いない。「侵食」を用いる。）

成　規（用いない。）

窃　用（用いない。「盗用」を用いる。）

船　渠（用いない。「ドック」を用いる。）

洗　滌（用いない。「洗浄」を用いる。）

僭　窃（用いない。）

総　轄（用いない。「総括」を用いる。）

齟　齬（用いない。）

疏　明（用いない。「疎明」を用いる。）

稠　密（用いない。）

通　事（用いない。「通訳人」を用いる。）
定繫港（用いない。「定係港」を用いる。）
呈　示（用いない。「提示」を用いる。）
停　年（用いない。「定年」を用いる。）
捺　印（用いない。「押印」を用いる。）
売　淫（用いない。「売春」を用いる。）
配　付・配　布（「配付」は交付税及び譲与税配付金特別会計のような特別な場合についてのみ用いる。それ以外の場合は「配布」を用いる。）
蕃　殖（用いない。「繁殖」を用いる。）
版　図（用いない。）
誹　毀（用いない。）
彼　此（用いない。）
標　示（特別な理由がある場合以外は用いない。「表示」を用いる。）
紊　乱（用いない。）
編　綴（用いない。）
房　室（用いない。）
膨　脹（用いない。「膨張」を用いる。）
法　例（用いない。）
輔　助（用いない。「補助」を用いる。）
満限に達する（特別な理由がある場合以外は用いない。「満了する」を用いる。）
宥　恕（用いない。）
輸　贏（用いない。）
踰　越（用いない。）
油　槽（用いない。「油タンク」を用いる。）
落　磐（用いない。「落盤」を用いる。）
臨　検・立入検査（「臨検」は犯則事件の調査の場合についてのみ用いる。それ以外の場合は「立入検査」を用いる。）
鄰　佑（用いない。）
狼　狽（用いない。）
和　諧（用いない。「和解」を用いる。）

2　送り仮名の付け方について

(1)　単独の語

ア　活用のある語は、「送り仮名の付け方」（昭和48年内閣告示第2号の「送り仮名の付け方」をいう。以下同じ。）の本文の通則1の「本則」・「例外」及び通則2の「本則」の送り仮名の付け方による。

イ　活用のない語は､｢送り仮名の付け方｣の本文の通則3から通則5までの｢本則｣･｢例外｣の送り仮名の付け方による。

［備考］　表に記入したり記号的に用いたりする場合には、次の例に示すように、原則として、（　）の中の送り仮名を省く。

【例】

晴（れ）　曇（り）　問（い）　答（え）　終（わり）　生（まれ）

(2)　複合の語

ア　イに該当する語を除き､原則として､｢送り仮名の付け方｣の本文の通則6の｢本則｣の送り仮名の付け方による。ただし、活用のない語で読み間違えるおそれのない語については､｢送り仮名の付け方｣の本文の通則6の｢許容｣の送り仮名の付け方により、次の例に示すように送り仮名を省く。

【例】

明渡し　預り金　言渡し　入替え　植付け　魚釣用具　受入れ　受皿　受持ち　受渡し　渦巻　打合せ　打合せ会　打切り　内払　移替え　埋立て　売上げ　売惜しみ　売出し　売場　売払い　売渡し　売行き　縁組　追越し　置場　贈物　帯留　折詰　買上げ　買入れ　買受け　買換え　買占め　買取り　買戻し　買物　書換え　格付　掛金　貸切り　貸金　貸越し　貸倒れ　貸出し　貸付け　借入れ　借受け　借換え　刈取り　缶切　期限付　切上げ　切替え　切下げ　切捨て　切土　切取り　切離し　靴下留　組合せ　組入れ　組替え　組立て　くみ取便所　繰上げ　繰入れ　繰替え　繰越し　繰下げ　繰延べ　繰戻し　差押え　差止め　差引き　差戻し　砂糖漬　下請　締切り　条件付　仕分　据置き　据付け　捨場　座込み　栓抜　備置き　備付け　染物　田植　立会い　立入り　立替え　立札　月掛　付添い　月払　積卸し　積替え　積込み　積出し　積立て　積付け　釣合い　釣鐘　釣銭　釣針　手続　問合せ　届出　取上げ　取扱い　取卸し　取替え　取決め　取崩し　取消し　取壊し　取下げ　取締り　取調べ　取立て　取次ぎ　取付け　取戻し　投売り　抜取り　飲物　乗換え　乗組み　話合い　払込み　払下げ　払出し　払戻し　払渡し　払渡済み　貼付け　引上げ　引揚げ　引受け　引起し　引換え　引込み　引下げ　引締め　引継ぎ　引取り　引渡し　日雇　歩留り　船着場　不払　賦払　振出し　前払　巻付け　巻取り　見合せ　見積り　見習　未払　申合せ　申合せ事項　申入れ　申込み　申立て　申出　持家　持込み　持分　元請　戻入れ　催物　盛土　焼付け　雇入れ　雇主　譲受け　譲渡し　呼出し　読替え　割当て　割増し　割戻し

イ　活用のない語で慣用が固定していると認められる次の例に示すような語については､｢送り仮名の付け方｣の本文の通則7により、送り仮名を付けない。

【例】

合図　合服　合間　預入金　編上靴　植木　（進退）伺　浮袋　浮世絵　受入額

受入先　受入年月日　請負　受付　受付係　受取　受取人　受払金　打切補償　埋立区域　埋立事業　埋立地　裏書　売上（高）　売掛金　売出発行　売手　売主　売値　売渡価格　売渡先　絵巻物　襟巻　沖合　置物　奥書　奥付　押売　押出機　覚書　（博多）織　折返線　織元　織物　卸売　買上品　買受人　買掛金　外貨建債権　概算払　買手　買主　買値　書付　書留　過誤払　貸方　貸越金　貸室　貸席　貸倒引当金　貸出金　貸出票　貸付（金）　貸主　貸船　貸本　貸間　貸家　箇条書　貸渡業　肩書　借入（金）　借受人　借方　借越金　刈取機　借主　仮渡金　缶詰　気付　切手　切符　切替組合員　切替日　くじ引　組合　組入金　組立工　倉敷料　繰上償還　繰入金　繰入限度額　繰入率　繰替金　繰越（金）　繰延資産　消印　月賦払　現金払　小売　小売（商）　小切手　木立　小包　子守　献立　先取特権　作付面積　挿絵　差押（命令）　座敷　指図　差出人　差引勘定　差引簿　刺身　試合　仕上機械　仕上工　仕入価格　仕掛花火　仕掛品　敷網　敷居　敷石　敷金　敷地　敷布　敷物　軸受　下請工事　仕出屋　仕立券　仕立物　仕立屋　質入証券　支払　支払元受高　字引　仕向地　事務取扱　事務引継　締切日　所得割　新株買付契約書　据置（期間）　（支出）済（額）　関取　備付品　（型絵）染　ただし書　立会演説　立会人　立入検査　立場　竜巻　立替金　立替払　建具　建坪　建値　建前　建物　棚卸資産　（条件）付（採用）　月掛貯金　付添人　漬物　積卸施設　積出地　積立（金）　積荷　詰所　釣堀　手当　出入口　出来高払　手付金　手引　手引書　手回品　手持品　灯台守　頭取　（欠席）届　留置電報　取扱（所）　取扱（注意）　取入口　取替品　取組　取消処分　（麻薬）取締法　取締役　取立金　取立訴訟　取次（店）　取付工事　取引　取引（所）　取戻請求権　問屋　仲買　仲立業　投売品　並木　縄張　荷扱場　荷受人　荷造機　荷造費　（春慶）塗　（休暇）願　乗合船　乗合旅客　乗換（駅）　乗組（員）　場合　羽織　履物　葉巻　払込（金）　払下品　払出金　払戻金　払戻証書　払渡金　払渡郵便局　番組　番付　控室　引当金　引受（時刻）　引受（人）　引換（券）　（代金）引換　引継事業　引継調書　引取経費　引取税　引渡（人）　日付　引込線　瓶詰　歩合　封切館　福引（券）　船積貨物　踏切　振替　振込金　振出（人）　不渡手形　分割払　（鎌倉）彫　掘抜井戸　前受金　前貸金　巻上機　巻紙　巻尺　巻物　待合（室）　見返物資　見込額　見込数量　見込納付　水張検査　水引　見積（書）　見取図　見習工　未払勘定　未払年金　見舞品　名義書換　申込（書）　申立人　持込禁止　元売業者　物置　物語　物干場　（備前）焼　役割　屋敷　雇入契約　雇止手当　夕立　譲受人　湯沸器　呼出符号　読替規定　陸揚地　陸揚量　両替　割合　割当額　割高　割引　割増金　割戻金　割安

［備考1］　下線を付けた語は、「送り仮名の付け方」の本文の通則7において例示された語である。

［備考2］「売上（高）」、「（博多）織」などのようにして掲げたものは、（　）の中を他の漢字で置き換えた場合にも、「送り仮名の付け方」の本文の通則7を適用する。

⑶　付表の語

「送り仮名の付け方」の本文の付表の語（1のなお書きを除く。）の送り仮名の付け方による。

3　その他

⑴　1及び2は、固有名詞を対象とするものではない。

⑵　1及び2については、これらを専門用語及び特殊用語に適用するに当たって、必要と認める場合は、特別の考慮を加える余地があるものとする。

附　則

1　この決定は、平成22年11月30日から施行する。

2　この決定は、法律については次回国会（常会）に提出するものから、政令については平成23年1月1日以後最初の閣議に提出するものから、それぞれ適用する。

3　新たな法律又は政令を起案する場合のほか、既存の法律又は政令の改正について起案する場合（文語体の法律又は勅令を文体を変えないで改正する場合を除く。）にも、この決定を適用する。なお、この決定を適用した結果、改正されない部分に用いられている語の表記と改正される部分に用いられるこれと同一の内容を表す語の表記とが異なることとなっても、差し支えない。

4　署名の閣議に提出される条約については平成23年1月1日以後最初の閣議に提出されるものから、国会に提出される条約（平成23年1月1日以後最初の閣議より前に署名の閣議に提出された条約であって日本語が正文であるものを除く。）については次回国会（常会）に提出するものから、それぞれこの決定を適用する。なお、条約の改正についても、この決定を適用した結果、改正されない部分に用いられている語の表記と改正される部分に用いられるこれと同一の内容を表す語の表記とが異なることとなっても、差し支えない。

# ○公用文作成の要領

内閣閣 甲 第16号

昭和27年4月4日

各省庁次官あて

内閣官房長官

## 公用文改善の趣旨徹底について（依命通知）

標記の件について、客年国語審議会から、別紙のとおり建議がありましたが、そのうち同会の審議決定した「公用文作成の要領」は、これを関係の向に周知徹底せしめることは、公用文改善の実をはかるため適当のことと思われるので、貴部内へ周知方しかるべく御配意願います。

（別紙）

昭和26年10月30日

内閣総理大臣<br>文　部　大　臣　あて

国語審議会会長

公用文改善の趣旨徹底について（建議）

公用文の改善について、実施状況ならびに意見を調査しましたところ、別冊1「公用文の改善についての調査の結果」のとおり、まだ一般にはその趣旨はじゅうぶん徹底しているとはいえない状態にあります。それで、このことについての理解に資するため、公用文改善の諸通達を整理統合し、さらに検討を加え、別冊2「公用文作成の要領」を審議決定しました。ついては、公用文改善の実をはかるために、この「公用文作成の要領」が関係方面に周知徹底するよう適当な処置をとられることを要望いたします。

（注：別冊1　略）

〔別冊2〕

# 公用文作成の要領

もくじ

まえがき
第1　用語用字について
　1　用語について
　2　用字について
　3　法令の用語用字について
　4　地名の書き表わし方について
　5　人名の書き表わし方について
第2　文体について
第3　書き方について

## ま　え　が　き

公用文の新しい書き方については、昭和21年6月17日に「官庁用語を平易にする標準」が次官会議で申合事項となった。その後、次官会議および閣議では、公用文改善協議会の報告「公用文の改善」を了解事項とし、昭和24年4月5日にそれを「公用文作成の基準について」として内閣官房長官から各省大臣に依命通達した。この「公用文の改善」は、いうまでもなく、さきに出た「官庁用語を平易にする標準」の内容を拡充したものである。しかし、具体的な準則としては、なお、「官庁用語を平易にする標準」その他から採って参照すべき部分が少なくない。そこで、国語審議会では、これらを検討し、必要な修正を加え、「公用文の改善」の内容を本文とし、他から採ったものを補注の形式でまとめ、ここに「公用文作成の要領」として示すこととした。

――　◇　――　◇　――

公用文を、感じのよく意味のとりやすいものとするとともに、執務能率の増進をはかるため、その用語用字・文体・書き方などについて、特に次のような点について改善を加えたい。

## 第1　用語用字について

### 1　用語について

1　特殊なことばを用いたり、かたくるしいことばを用いることをやめて、日常一般に使われているやさしいことばを用いる。(×印は、当用漢字表にない漢字であることを示す。)

たとえば

×稟議→申請　　措置→処置・取扱　　救援する→救う

懇請する→お願いする　　一環として→一つとして

充当する→あてる　　即応した→かなった

2　使い方の古いことばを使わず、日常使いなれていることばを用いる。

たとえば

牙保→周旋・あっせん　　彩紋→模様・色模様

3　言いにくいことばは使わず、口調のよいことばを用いる。

たとえば

拒否する→受け入れない　　はばむ→さまたげる

4　音読することばはなるべくさけ、耳で聞いて意味のすぐわかることばを用いる。

たとえば

橋梁→橋　　塵埃→ほこり　　眼瞼→まぶた

充填する→うめる・つめる　　堅持する→かたく守る

陳述する→のべる

5　音読することばで、意味の二様にとれるものは、なるべくさける。

たとえば

協調する（強調するとまぎれるおそれがある。）→歩調を合わせる

勧奨する（干渉する）→すすめる　　衷心（中心）→心から

潜行する（先行する）→ひそむ　　出航（出講）→出帆・出発

6　漢語をいくつもつないでできている長いことばは、むりのない略し方をきめる。

たとえば

経済安定本部→経本　　中央連絡調整事務局→連調

7　同じ内容のものを違ったことばで言い表わすことのないように統一する。

たとえば

提起・起訴・提訴　　口頭弁論・対審・公判

## 2　用字について

1　漢字は、当用漢字表・同音訓表による。

(1)　当用漢字表・同音訓表を使用するにあたっては、特に次のことがらに留意する。

1　代名詞・副詞・接続詞などのうち、次のようなものは、当用漢字音訓表によっても書けるが、できるだけかな書きにする。

たとえば

我→われ　　彼→かれ　　且つ→かつ　　又→また

但し→ただし　　並びに→ならびに　　及び→および

外→ほか　　等

注 かなで書く語の例

1．代名詞・副詞など

これ、それ、どれ、ここ、そこ、どこ、この、その、どの、こう、そう、どう、わが、だれ、いかなる、いかに、いずれ、いわゆる、あらゆる、ある（～月）、あまり、かなり、ここに、とても、やがて、よほど、わざと、わざわざ

2．接続詞

しかし、しかしながら、そして、そうして、そこで、それゆえ、ところが、ところで、したがって、

3．助動詞

たい、れる、られる

4．接頭語・接尾語

……とも、……ため、……ら、……ば、……ぶる、お……

（「お」は、かなで書くが、「ご」は漢字でもかなでもよい。たとえば、「お願い」「御調査」「ご調査」）

5．動詞など

ある、ない、いる、おる、する、なる、できる

6．その他

こと、とき、ところ、もの

（ただし、「事を好む」「法律の定める年齢に達した時」「家を建てる所」「所持する物」「裁判所の指名した者」のように、特定のものをさすときには漢字で書いてもよい。

くらい、だけ、まで、ばかり、うち、ため、はず、ほど、よう、ゆえ、わけ、など（「等」は「とう」と読むときにだけ用いる。）

2　外国の地名および外来語（当分の間中華民国の場合を除く。）は、かたかな書きにする。

たとえば

イタリア　スウェーデン　フランス　ロンドン　等

エジソン　ヴィクトリア　等

ガス　ガラス　ソーダ　ビール　ボート　マージャン　マッチ　等

ただし、外来語でも「かるた」「さらさ」「たばこ」などのように、外来語の意識のうすくなっているものは、ひらがなで書いてよい。

3　動植物の名称は、かな書きにするが、当用漢字音訓表で認めている漢字は使ってもよい。

たとえば

ねずみ　らくだ　いぐさ　からむし　等

犬　牛　馬　桑　桜 等

4　次のようなものは、かな書きにする。

たとえば

有難う→ありがとう、…して頂く→…していただく、…の様だ→…のようだ

注　助動詞・助詞に準ずる次のようなものは、かな書きにする。
……てあげる、……てやる、……ていく、……てくる、……ておく、……てしまう、……てみる
……をあげて、……について、……にわたって、……によって
……とともに、……ごとに、……において、……をもって

なお、次のようなものをかな書きにすることはいうまでもない。

たとえば

煙草→たばこ　一寸→ちょっと　大人→おとな　今日→きょう　昨日→きのう

注　その他かな書きにすべき熟語の例
一人→ひとり　時雨→しぐれ　何時→いつ　叔父→おじ　田舎→いなか　紅葉→もみじ

ただし、音読する場合は漢字で書く。

(2)　当用漢字表・同音訓表で書き表わせないものは、次の標準によって書きかえ・言いかえをする。（言いかえをするときは、「1　**用語について**」による。）

1　かな書きにする。

たとえば

ア　遡る→さかのぼる　払い戻す→払いもどす
名宛→名あて　佃煮→つくだ煮　艀→はしけ　看做す→みなす
委ねる（当用漢字音訓表にはずれる。）→ゆだねる
調える（前に同じ。）→ととのえる

イ　漢語でも、漢字をはずしても意味のとおる使いなれたものは、そのままかな書きにする。

たとえば

でんぷん　めいりょう　あっせん　等

ウ　他による言いかえがなく、または言いかえをしてはふつごうなものは、当用漢字表・同音訓表にはずれた漢字だけをかな書きにする。

たとえば

右舷→右げん　改竄→改ざん　口腔→口こう

この場合、読みにくければ、音読する語では、横に点をうってもよい。（縦書きの場合）

2　当用漢字表中の、音が同じで、意味の似た漢字で書きかえる。

たとえば

車輛→車両　煽動→扇動　碇泊→停泊　編輯→編集　哺育→保育

抛棄→放棄　傭人→用人　聯合→連合　煉乳→練乳

3　同じ意味の漢語で言いかえる。

ア　意味の似ている、用い慣れたことばを使う。

たとえば

彙報→雑報　印顆→印形　改悛→改心　開披→開封

イ　新しいことばをくふうして使う。

たとえば

聾学校→口話学校　罹災救助金→災害救助金　剪除→切除　毀損→損傷

擾乱→騒乱　溢水→出水　譴責→戒告　瀆職→汚職

4　漢語をやさしいことばで言いかえる。

たとえば

隠蔽する→隠す　庇護する→かばう　抹消する→消す

牴触する→ふれる　漏洩する→漏らす　破毀する→破る　酩酊する→酔う

治癒する→なおる　趾→あしゆび

2　かなは、ひらがなを用いることとする。かたかなは特殊な場合に用いる。

注　1．地名は、さしつかえのない限り、かな書きにしてもよい。

2．事務用書類には、さしつかえない限り、人名をかな書きにしてもよい。

3．外国の地名・人名および外来語・外国語は、かたかな書きにする。

4．左横書きに用いるかなは、かたかなによることができる。

3　送りがなは、当分の間「公文用語の手びき」の送りがなのつけ方による。

注　「公文用語の手びき」の送りがなのつけ方の中で、特に注意すべきもの。

1．動詞が複合するときには、「受け付ける」「繰り上げる」のように、なるべく前の動詞にも送りがなをつける。

2．動詞から転成した名詞で、誤読のおそれのないものは「受付」「繰上選挙」のように、送りがなを省いてもさしつかえない。

備考　⑴　地名の書き表わし方については、特に「**4　地名の書き表わし方について**」のように定める。

⑵　横書きの場合のかたかなの使い方については、特に「第3　書き方について」による。

### 3　法令の用語用字について

1　法令の用語用字についても、特にさしつかえのない限り、「**1　用語について**」および「**2**

**用字について**」に掲げた基準による。

2　法令の一部を改正する場合および法令名を引用する場合には、特に、次のような取扱をする。

⑴　法令の一部を改正する場合について

1　文語体・かたかな書きを用いている法令を改正する場合は、改正の部分が一つのまとまった形をしているときには、その部分は、口語体を用い、ひらがな書きにする。

2　にごり読みをすべきかなに、にごり点をつけていない法令を改正する場合は、改正の部分においては、にごり点をつける。

3　当用漢字字体表の字体を用いていない法令を改正する場合は、改正の部分においては、当用漢字字体表の字体を用いる。

4　旧かなづかいによる口語体を用いている法令を改正する場合は、改正の部分においては、現代かなづかいを用いる。

5　改正前の法令に用いられた熟語の漢字（たとえば「銓衡」「禁錮」）が、当用漢字表・同音訓表にない場合には、改正の部分においては、当用漢字表・同音訓表にない部分をかな書きにし、傍点をつけることとし（縦書きの場合）、当用漢字表中の同音または類音の文字（たとえば「選考」「禁固」）をもってこれに代えることはしない。

⑵　法令名を引用する場合について

題名のつけられていない法令で、件名のある法令を引用する場合には、件名の原文にかかわらずその件名はひらがなおよび現代かなづかいによる口語体を用い、漢字は、当用漢字表および同音訓表による。

### 4　地名の書き表わし方について

1　地名はさしつかえない限り、かな書きにしてもよい。

地名をかな書きにするときは、現地の呼び名を基準とする。ただし、地方的ななまりは改める。

2　地名をかな書きにするときは、現代かなづかいを基準とする。（ふりがなの場合も含む。）

3　特に、ジ・ヂ、ズ・ヅについては、区別の根拠のつけにくいものは、ジ・ズに統一する。

4　さしつかえのない限り、当用漢字字体表の字体を用いる。当用漢字字体表以外の漢字についても、当用漢字字体表に準じた字体を用いてもよい。

### 5　人名の書き表わし方について

1　人名もさしつかえない限り、当用漢字字体表の字体を用いる。

2　事務用書類には、さしつかえのない限り、人名をかな書きにしてもよい。人名をかな書きにするときには、現代かなづかいを基準とする。

## 第2　文体について

1　公用文の文体は、原則として「である」体を用いる。ただし、公告・告示・掲示の類ならびに往復文書（通達・通知・供覧・回章・伺・願・届・申請書・照会・回答・報告等を含む。）の類は、なるべく「ます」体を用いる。

注　1.「だ、だろう、だった」の形は、「である、であろう、であった」の形にする。

2.「まするが、ますけれども」は、「ますが、ますけれども」とする。「ますれば、くださいませ（—まし）」の表現は用いない。

3. 打消の「ぬ」は、「ない」の形にする。「ん」は、「ません」のほかには用いない。「せねば」は「しなければ」とする。

2　文語脈の表現はなるべくやめて、平明なものとする。

注　1. 口語化の例

これが処理→その処理　　せられんことを→されるよう

ごとく・ごとき→のような・のように

進まんとする→進もうとする

貴管下にして→貴管下で（あって）

2.「おもなる・必要なる・平等なる」などの「なる」は、「な」とする。ただし、「いかなる」は用いてもよい。

3.「べき」は、「用いるべき手段」「考えるべき問題」「論ずべきではない」「注目すべき現象」のような場合には用いてもよい。「べく」「べし」の形は、どんな場合にも用いない。「べき」がサ行変格活用の動詞に続くときには、「するべき」としないで「すべき」とする。

4. 漢語につづく「せられる、せさせる、せぬ」の形は、「される、させる、しない」とする。「せない、せなければ」を用いないで、「しない、しなければ」の形を用いる。

5. 簡単な注記や表などの中では、「あり、なし、同じ」などを用いてもよい。

例　「配偶者……あり」「ムシバ……上1、下なし」

「現住所……本籍地に同じ」

3　文章はなるべくくぎって短くし、接続詞や接続助詞などを用いて文章を長くすることをさける。

4　文の飾、あいまいなことば、まわりくどい表現は、できるだけやめて、簡潔な、論理的な文章とする。

敬語についても、なるべく簡潔な表現とする。

注　1. 時および場所の起点を示すには、「から」を用いて、「より」は用いない。「より」は、比較を示す場合にだけ用いる。

例　東京から京都まで、
午後1時から始める。
恐怖から解放される。
長官から説明があった。

2．推量を表わすには「であろう」を用い、「う、よう」を用いない。「う、よう」は意思を表わす場合にだけ用いる。

例　役に立つであろう
そのように思われるであろうか　｝推量
対等の関係に立とうとする
思われようとして　｝意思

3．並列の「と」は、まぎらわしいときには最後の語句にもつける。

例　横浜市と東京都の南部との間

4．「ならば」の「ば」は略さない。

5　文書には、できるだけ、一見して内容の趣旨がわかるように、簡潔な標題をつける。また、「通達」「回答」のような、文書の性質を表わすことばをつける。

注　例　公団の性質に関する件→公団の性質について（依命通知）
閣議付議事項の取扱について→1月27日閣甲第19号第8項の責任者について（回答）

6　内容に応じ、なるべく箇条書きの方法をとりいれ、一読して理解しやすい文章とする。

## 第3　書き方について

執務能率を増進する目的をもって、書類の書き方について、次のことを実行する。

1　一定の猶予期間を定めて、なるべく広い範囲にわたって左横書きとする。

2　左横書きに用いるかなは、かたかなによることができる。

3　左横書きの場合は、特別の場合を除き、アラビア数字を使用する。

注　1．横書きの文章の中でも「一般に、一部分、一間（ひとま）、三月（みつき）」のような場合には漢字を用いる。
「100億、30万円」のような場合には、億・万を漢字で書くが、千・百は、たとえば「5千」「3百」としないで、「5,000」「300」と書く。
2．日付は、場合によっては、「昭和24.4.1」のように略記してもよい。
3．大きな数は、「5,000」「62,250円」のように三けたごとにコンマでくぎる。

4　タイプライタの活用を期するため、タイプライタに使用する漢字は、当用漢字表のうちから選んださらに少数の常時必要なものに限り、それ以上の漢字を文字盤から取り除くことなどに努める。ぜひとも文字盤にない漢字を使用する必要がある場合には、手書きする。

5　人名・件名の配列は、アイウエオ順とする。

注　1．文の書き出しおよび行を改めたときには1字さげて書き出す。

2．句読点は横書きでは「，」および「。」を用いる。

事物を列挙するときには「・」（なかてん）を用いることができる。

3．同じ漢字をくりかえすときには「々」を用いる。

4．項目の細切は、たとえば次のような順序を用いる。

| | | | | | | |
|---|---|---|---|---|---|---|
| （横書きの場合） | 第1 | 1 | (1) | ア | (ア) | |
| | 第2 | 2 | (2) | イ | (イ) | |
| | 第3 | 3 | (3) | ウ | (ウ) | |
| （縦書きの場合） | 第一 | 一 | 1 | (一) | (1) | ア |
| | 第二 | 二 | 2 | (二) | (2) | イ |
| | 第三 | 三 | 3 | (三) | (3) | ウ |

5．文書のあて名は、たとえば「東京都知事殿」「文部大臣殿」のように官職名だけを書いて、個人名は省くことができる。

# 新版　図説文書事務入門

2012年　3月27日　初版発行
2024年　12月20日　9版発行

編著者　株式会社ぎょうせい法制執務研究会

発　行　株式会社ぎょうせい

〒136-8575　東京都江東区新木場1-18-11
URL：https://gyosei.jp

フリーコール　0120-953-431
ぎょうせい　お問い合わせ　検索　https://gyosei.jp/inquiry/

印刷　ぎょうせいデジタル株式会社

ISBN978-4-324-09432-7
(5107823-00-000)
〔略号：図説文書（新版）〕